日本音楽を学校でどう教えるか

本多佐保美 編著

開成出版

編著者・著者一覧

【編著者】

本多　佐保美　　千葉大学教授

【著者】（執筆順）

本多　佐保美　　千葉大学教授

志民　一成　　　国立教育政策研究所教育課程研究センター
　　　　　　　　研究開発部教育課程調査官

竹中　洋子　　　千葉県旭市立干潟小学校教諭

藤田　美紀　　　茨城県つくば市立九重小学校教諭

村田　美香　　　千葉県千葉市立桜木小学校教諭

伊丹　裕子　　　千葉県館山市立第二中学校教諭

小野　彰子　　　静岡県藤枝市立葉梨西北小学校教諭

清水　麻希子　　千葉大学教育学部附属小学校教諭

藤川　由美子　　千葉県東金市立鴇嶺小学校教諭

谷口　佳史　　　東京都あきる野市立屋城小学校教諭

長谷川　慎　　　静岡大学准教授，生田流箏曲演奏家

鈴木　章生　　　静岡大学教育学部附属浜松中学校教諭

髙梨　ひとみ　　千葉県南房総市立富山小学校教諭

山田　美由紀　　長唄三味線演奏家，千葉大学・静岡大学・群馬大学非常勤講師

平野　直孝　　　静岡県浜松市立中部小学校教諭

松下　成輝　　　静岡県焼津市立東益津小学校教諭

都木　雅之　　　埼玉県上尾市立上尾中学校主幹教諭

緑川　雄一　　　千葉県船橋市立前原中学校教諭

松村　尚子　　　千葉県千葉市立有吉中学校教諭

茂木　日南　　　千葉県流山市立八木南小学校教諭

大田　美郁　　　小田原短期大学助教

河合　知子　　　チカラン日本人学校（インドネシア）
　　　　　　　　（前千葉県船橋市立坪井中学校）教諭

はじめに

　本書のキーワードは,「言葉, 日本語, 唱歌(しょうが), 身体, 体験」です。

　平成29(2017)年告示の学習指導要領解説音楽編において, 指導上の配慮事項として, 適宜, 口唱歌(くちしょうが)を用いることという文言が入りました。また, 身体への注目は, すでに平成20(2008)年告示の中学校学習指導要領において示されているところです。

　日本の伝統音楽を学ぶ際に,「言葉, 日本語, 唱歌(しょうが), 身体, 体験」を視点とすることで, 私たちは, 日本の伝統音楽を自分自身にとっての「出来事」として, 実感をもって学ぶことができます。自分のこととして, 実感をもって日本の伝統音楽に触れることで, 学びが深まっていきます。

　本書は, 日本音楽の諸種目について概観するとともに, 実際に小学校, 中学校で授業実践した事例を豊富に掲載しています。

　今回の学習指導要領改訂では, 子どもたちにどのような資質・能力を身に付けさせるかを明示するため,「知識・技能」「思考力・判断力・表現力等」「学びに向かう力・人間性等」の3つの柱で目標や内容が整理されました。そうした今日的教育動向をふまえ, また, 21世紀型スキルの考え方にもとづく汎用的な能力(基礎力, 思考力, 実践力)の視点からもこれまでの実践事例を再検討し, 整理し直して示しています。

　本書を通して, 皆さん一人ひとりが, 日本の音楽についての理解を深め, 自分にとっての意味を再考し, 皆さんの音楽の世界を広げていってほしいと切に願います。

本多佐保美

日本音楽を学校でどう教えるか　目次

第I章

日本音楽を
学ぶ意義

1

日本音楽を学ぶ意義と指導のポイント

（1）日本音楽を学ぶ意義

　明治以降，我が国は近代化をめざし，西洋発祥の思想や制度・文化などを積極的に取り入れ，国を創ってきた。教育制度や音楽文化も例外ではなく，やはり積極的に西洋の制度・文化を受容してきた。今日では，私たちを取り巻く音楽文化は，ほとんどが西洋音楽の発想を基盤とする音楽となっている。一方で，極東の島国である我が国の地理的位置，気候・風土，そして私たちがふだん話している日本語，これらの要素に起因して生まれる文化というものが，間違いなく存在している。

　学校教育の中では，伝統や文化に関する教育の充実は，平成18（2006）年の教育基本法の改正以降，ずっと教育の今日的課題として提唱され続けている。国際社会に生きる日本人として，我が国の音楽文化に愛着をもつとともに，他国の音楽文化を尊重することのできる児童・生徒の育成が求められている。公式に求められる教育的課題と，現在の日本における音楽文化の置かれた実際的状況，これらの両側面をふまえながら，日本の音楽を実際どのように学校教育で指導していくのかを考えていく必要がある。

　日本の伝統音楽は一見すると，私たちの身近にはないかもしれない。まず，教える側の教師が，教材研究を進める中で，日本の音楽に対する新たな発見をたくさんする必要があるだろう。聴いてみるととても懐かしい感じがしたり，すぐに耳なじんで記憶に残りやすいと感じたりするかもしれない。たくさんの発見をして，みずからの音楽的感性を広げよう。

　子どもたちには，どんな音楽にも素直に対峙できる小学校の早い時期から，様々な音楽にふれさせたい。知識としてではなく，子どもたち

の体験として学習を組織し，子どもたちの感性を豊かに育てていくことが必要である。また，自国の音楽文化のよさを理解し，味わうことから，ひいては，他国の音楽文化の理解にもつながり，多様な価値観を認めあう姿勢を育むことにもつながると考える。

（2）日本音楽の指導のポイント

①　身近にある日本らしい音に気づく

　まずは，子どもの持っている音のイメージや知識から出発したい。日本らしい音とは何か。日本らしい音を考えさせるといろいろな意見が出てくるだろう。火の用心の拍子木の音，祭りのときの太鼓の音，日本庭園のししおどし，おおみそかに聞いたお寺の鐘の音，等々。さらにそれらの音の特徴を，例えば木や竹から生まれる音が多いとか，お寺の鐘の音は余韻が長い，など明確に言葉にしてとらえさせる。日本らしい音は，この国の気候・風土に合った素材から作られていたり，自然と共存するようなあり方であったり，四季折々の場面と切っても切り離せないものであったりする。そうした特徴に気づくことが日本音楽の指導の出発点となる。

②　言葉から音楽へ

1）物売りの声

　言葉に自然な抑揚がつき，リズムやフレーズが繰り返されると，そこに歌が生まれる。言葉が音楽になる，そのもっともミニマムな形を，物売りの声などに見ることができる。

　「たけや，さおだけ」「いしやーきいもー」など，物売りの声を大きな声で歌ってみよう。なるべく遠くの人に届くように，呼び掛けるように歌う。声は長く，朗々と響くだろう。はじめは，音程も気にしなくてよいが，だんだんと音程・音の高さも意識して歌ってみよう。

相撲の呼び出しの一節を，音源があれば，まずよく聴いてみよう。次にまねして，声を出してみよう。このような短い一節に，音楽以前，楽曲以前の我が国の伝統的な音感覚の芽生えが見られるのである。

2）口唱歌を活用する

口唱歌は，単に唱歌ともいい，和楽器の伝承において用いられてきた学習方法である。和楽器の音色を擬音でとらえたもので，これを歌うことによって楽器の旋律やフレーズをとらえることができる。たとえば，雅楽の龍笛の唱歌なら，「トーラーロ　オルロ　ターロラ…」となり，その楽器の音色の特徴が，唱歌で的確に表現されている。

楽器は習得するのに時間がかかるが，音源を聴きながら唱歌のカナ文字で旋律線をとらえて歌ってみることはすぐに出来る。音楽を鑑賞する前に，唱歌を歌う体験的な活動をすることで，楽器独特の音色やリズムをより深く感じとれる。その音楽のしくみもよりよくわかるようになり，聴き方が深まる。唱歌は，和楽器の伝承という文化的・伝統的文脈の中で用いられてきたものなので，音楽の文化的・社会的背景への興味にもつなげることができる。日本の音楽の学習に，唱歌をぜひ活用したい。

③　日本音楽の身体性に着目する

日本の伝統文化において，「腰を据える」「肚を決める」といった身体感覚が我が国の身体文化の中心軸となっている。たとえば，箏や三味線を演奏するとき，椅子に座ってではなく正座によるほうが，腰が決まって，一音一音がしっかりとした音が生み出される。あるいは，和太鼓で力強い迫力のある音を鳴らすには，ばちを小手先でなく腕全体で使い，棒立ちでなく腰を入れ，ひざを柔らかく使った足腰の構えが必要となる。日本音楽のあり方を，その身体性の視点からも理解することは，音楽文化のあり方のより本質的な理解につながると考える。

雅楽における舞楽，能楽における仕舞，歌舞伎における日本舞踊など，それぞれのジャンルには踊りや舞がある。日本の伝統芸能における踊りや舞の身体性に着目することも，日本の伝統文化のよさを味わい理解を深める上で重要な視点となる。たとえば，各地に伝わる郷土芸能や祭りの中での踊りは，総じて腰を落とした柔軟な下半身が要求されるものである。お囃子の音楽の体験にくわえて，踊りも体験して，身体全体で日本の伝統文化を味わい理解するような学習を構想したい。

④　体験活動・つくる活動を取り入れる

日本の音楽を子どもたちにとって身近なものとするためには，体験活動を充実させることが大切である。適切な音源や，伝統的な楽譜，唱歌などを活用し，子どもが日本音楽のエッセンスにじかにふれられるように，授業づくりを工夫したい。

長い歴史をもつ音楽文化は，その伝承の過程で，その土地に合うように，あるいはその時代に合うようにつくり変えられて受け継がれてきている。音楽文化は変化し，つくり変えられるものである。音楽の授業の中でも，子どもたち自身が「つくる活動」を取り入れることで，文化の担い手として，より主体的に日本の音楽の学習に関わることになり，日本の音楽が子どもたちにとってより身近なものとなると考える。

⑤　伝統文化を継承する人々・場所

日本の音楽は，季節の行事と結び付いて演奏されることも多い。例えば，お盆にまつわる行事，春や秋の祭り，正月の行事等々。その年の収穫を祝う秋祭りの神社の境内で，お祝いの舞楽が奉納されたり，地域のお祭りの山車でお囃子がにぎやかに演奏されたりする。

日本の音楽が演奏されている場に出かけて，その場に身を置き，感性をはたらかせて様々な発見をしてみよう。どんな人が参加しているか，演奏の担い手，聴衆はだれか，場に重要なものは何か，音・音楽の響き方はどうか等，じっくり観察して，様々な意味を感じ取ることが音楽文化の理解に対する一助となる。音楽文化が生まれる場や文脈，担い手としての伝承者等を大切にした授業づくりも重要である。

（本多佐保美）

2

今日的教育課題と日本音楽の学習指導

（1）今日的な教育課題と教科等横断的な視点に立った資質・能力の育成

　中央教育審議会が平成28年12月21日に出した「幼稚園，小学校，中学校，高等学校及び特別支援学校の学習指導要領等の改善及び必要な方策等について（答申）」（以下「中教審答申」）においては，予測困難な社会の変化に主体的に関わり，感性を豊かに働かせながら，どのような未来を創っていくのか，どのように社会や人生をよりよいものにしていくのかという目的を自ら考え，自らの可能性を発揮し，よりよい社会と幸福な人生の創り手となる力を身に付けられるようにすることの重要性が示された。このため，教育課程全体を通して育成を目指す資質・能力を，「何を理解しているか，何ができるか（生きて働く「知識・技能」の習得）」，「理解していること・できることをどう使うか（未知の状況にも対応できる「思考力・判断力・表現力等」の育成）」，「どのように社会・世界と関わり，よりよい人生を送るか（学びを人生や社会に生かそうとする「学びに向かう力・人間性等」の涵養）」の三つの柱に整理するとともに，各教科等の目標や内容についても，この三つの柱に基づく再整理を図るよう提言がなされた。これを受けて，平成29年告示の学習指導要領では，全ての教科等の目標及び内容を「知識及び技能」，「思考力，判断力，表現力等」，「学びに向かう力，人間性等」の三つの柱で整理した。

　一方で中教審答申では，現代的な諸課題に対応して求められる資質・能力として，「グローバル化の中で多様性を尊重するとともに，現在まで受け継がれてきた我が国固有の領土や歴史について理解し，伝統や文化を尊重しつつ，多様な他者と協働しながら目標に向かって挑戦する力」（下線は筆者による）が挙げられた。こ

れを受けて平成29年3月に告示された小学校学習指導要領の第1章総則の第2「教育課程の編成」において，「教科等横断的な視点に立った資質・能力の育成」として，「現代的な諸課題に対応して求められる資質・能力」の育成が示されている。学習指導要領解説総則編には「現代的な諸課題に関する教科等横断的な教育内容」の例として，「郷土や地域に関する教育」が掲載されているので確認しておきたい（資料1，2）。これら学校教育全体において育成を目指す「現代的な諸課題に対応して求められる資質・能力」として，郷土や地域に関する教育が挙げられるなど，我が国や郷土の音楽に関する学習は，今日的な教育課題として音楽科に期待されている重要な内容だと言える。

（2）音楽科の学習指導要領における「我が国や郷土の伝統音楽」に関わる改訂のポイント

　次に，平成29年3月に改訂された学習指導要領における，「我が国や郷土の伝統音楽」に関わる改訂のポイントについて見ていくことにしたい。

①　歌唱教材及び器楽指導に関する配慮事項

　平成29年告示の学習指導要領では，歌唱教材の関する配慮事項（第3　指導計画の作成と内容の取扱い）について，以下のように示されている（下線及び太字は筆者による）。

> 【小学校】
> 2（4）ア　歌唱教材については，我が国や郷土の音楽に**愛着**がもてるよう，共通教材のほか，長い間親しまれてきた唱歌，それぞれの地方に伝承されているわらべうたや民謡など日本のうたを含めて取り上げるようにすること。

【中学校】

> 2ア（イ）　民謡，長唄などの我が国の伝統的な歌唱のうち，生徒や学校，地域の実態を考慮して，伝統的な声や<u>歌い方</u>の特徴を感じ取れるもの。<u>なお，これらを取り扱う際は，その表現活動を通して，生徒が我が国や郷土の伝統音楽のよさを味わい，**愛着**をもつことができるよう工夫すること</u>。

中教審答申において，音楽科の課題として「我が国や郷土の伝統音楽に親しみ，よさを一層味わえるようにしていくこと」が挙げられ，これを受け，『小学校学習指導要領（平成29年告示）解説音楽編』（以下「小学校解説」）にあるように，「我が国や郷土の音楽に親しみ，よさを一層味わうことができるよう，和楽器を含む我が国や郷土の音楽の学習の充実を図る」(p.6)ことが改訂の基本的な考え方に盛り込まれた。小・中学校共に，歌唱教材に関する配慮事項に（中学校では器楽の配慮事項にも）新たに「愛着」という言葉が加えられたことは，こういった改訂の基本的な考え方を踏まえたものと言える。

また，中学校においては，平成10年の改訂で和楽器が必修化されてから相当の年数が経過しており，着実に実践が積み重ねられてきているが，中教審答申の指摘等を鑑みると，その質を向上させ，生徒が「よさを一層味わうことができるよう」にすることを，これからの課題として捉えたい。

② **中学校の鑑賞領域における我が国や郷土の伝統音楽の扱い**

中学校の鑑賞領域の内容において，我が国や郷土の伝統音楽の扱いについて触れられている箇所を確認することにしよう。

> 我が国や郷土の伝統音楽及び諸外国の様々な音楽の特徴と，その特徴から生まれる音楽の<u>多様性</u>について理解すること。
> （［第2学年及び第3学年］B鑑賞（1）イ（ウ），下線は筆者による）

この事項は，平成20年告示の学習指導要領において，「我が国や郷土の伝統音楽及び諸外

国の様々な音楽の特徴から音楽の多様性について理解して鑑賞すること。」(B鑑賞（1）ウ）と示された事項の内容を引き継いでいるが，平成29年告示の新学習指導要領においては，「知識」に関する資質・能力として位置付けられていることに着目したい。

この事項について『中学校学習指導要領（平成29年告示）解説音楽編』（以下「中学校解説」）では，「音楽が多様であることの理解に留まらず，人々の暮らしとともに音楽文化があり，そのことによって様々な特徴をもつ音楽が存在していることを理解できるようにすることが大切」(p.89)と示されており，単に多様な音楽に触れるだけでなく，多様性への理解を，その音楽の「よさを一層味わう」ための知識として獲得できるよう指導を工夫することが大切である。

③ **我が国や郷土の伝統音楽等に関する改善点**

新しい学習指導要領において我が国や郷土の伝統音楽等に関する配慮事項として，新たに加えられた事項や改善点について確認しておくことにする。

> 我が国や郷土の音楽の指導に当たっては，そのよさなどを感じ取って表現したり鑑賞したりできるよう，音源や楽譜等の示し方，伴奏の仕方，曲に合った歌い方や楽器の演奏の仕方などの指導方法を工夫すること。
> （小学校：第3　指導計画の作成と内容の取扱い　2（3））

この配慮事項は，平成29年告示の小学校学習指導要領で新設された項目である。続いて中学校の配慮事項について見てみよう。

> 我が国の伝統的な歌唱や和楽器の指導に当たっては，言葉と音楽との関係，姿勢や身体の使い方についても配慮するとともに，<u>適宜，口唱歌（くちしょうが）を用いること</u>。
> （中学校：第3　指導計画の作成と内容の取扱い　2（6），下線は筆者による）

下線部が平成29年告示の中学校学習指導要領で追加された文言であるが，口唱歌（くちしょうが）については次項で触れる。

歌唱の学習においてどのような範唱を用いる

かということや，歌唱や器楽の学習においてどのような楽譜を用いるかということが，西洋の音楽と異なる我が国や郷土の伝統音楽の「よさを感じ取」ることができるようにする上で，大きな影響を及ぼすことが考えられる。

　主に西洋の音楽と関わってきた機会が多い教員にとっては，我が国や郷土の伝統音楽を学習（伝承を含めた広義の学習）する上で本来採られてきた方法が，西洋の音楽の学習におけるそれと大きく異なるということ，それに関連して，範唱や楽譜等の位置付けや意味に差異があることを十分に認識しておくことが大切である。

1) 範唱・範奏の重要性と楽譜の位置付け

　我が国や郷土の伝統音楽の場合，口伝など口頭伝承によって伝えられてきたものが多い。楽譜を用いることがあっても，ごく簡単なもので，補助的に用いられる場合も少なくない。それゆえ，範唱や範奏のもつ意味が大きいと言える。

　また，楽器演奏の伝承に際しては，口唱歌が用いられることが多い。このように，まねる，模倣することが学習の核であり，範唱や範奏をよく聴き，その特徴を捉えて歌ったり演奏したりすることが大切になってくる。楽譜のウエイトが大きく，その音楽の特徴という情報を楽譜から読み取ることが重要となる西洋音楽と，大きく異なる点だと言えよう。

　そのため，どのような範唱や範奏を選ぶかが，音楽学習においてポイントとなってくる。まずは，その曲のよさを感じ取ることができる範唱や範奏を選ぶようにしたい。また，よさを生み出している特徴が範唱や範奏によく現れていて，それを聴くことによって，その曲のよさを感じ取ったり，よさを生み出している音楽を形づくっている要素に気付いたりすることにつながりやすいものを選ぶことが，学習者に学習の見通しをもたせる上で重要となる。そういう意味で範唱や範奏は，その曲や音楽に魅力を感じ，題材における音楽学習に対する児童生徒の関心・意欲を喚起する上で決め手となるものだと言えよう。

　我が国や郷土の伝統音楽では，範唱や範奏を

聴いてまねるという学習法が採られてきたとは言え，近年では楽譜が用いられることも多く，また，音楽科の限られた学習時間においては，楽譜を用いることは有効である。楽譜を音楽科の学習において用いる場合は，例えば，縦方向に書かれた楽譜など，扱う音楽で伝統的に用いられてきた楽譜等を活用することによっ

〈図：箏曲で用いられる
楽譜の例〉

て，その音楽の特徴をつかみ取りやすくなることが期待される。また，文字や線などを簡易的に示した楽譜を用いることで，聴き取ったことを基に，子供が自発的に音楽の特徴を捉えることを促す可能性があるということなどを念頭に置き，使用する楽譜を検討したい。

　また，中学校学習指導要領では配慮事項で口唱歌（くちしょうが）の活用について新たに示されたが，「小学校解説」においても口唱歌について触れられている。口唱歌は日本の伝統的な音楽において重要な役割を果たしてきた伝承方法であり，旋律やリズム，その楽器の音色や響き，奏法や間（ま）などを表すことができる（図の左側に書かれた「ツンコロリーン」が口唱歌）。この口唱歌の活用は，器楽だけでなく鑑賞や創作など他の活動での応用も考えられる。その詳細については，他章に譲る。

2) 「曲に合った歌い方や楽器の演奏の仕方」の重要性

　小学校の学習指導要領に示されているように，「曲に合った歌い方や楽器の演奏の仕方」に留意することは，音楽学習の本質に関わる重要なことである。なぜならば，「曲に合った歌い方や楽器の演奏の仕方」によって「曲想」や「曲の特徴」は大きく変化するのであり，「曲想と音楽の構造などとの関わり」について知識を習得し，「曲の特徴にふさわしい表現を工夫」する学習において，そして，「よさを一層味わう」上で

も，そのことが極めて重要となる。

なお，中学校学習指導要領では，「歌い方」に関連して「曲種に応じた発声」という文言が示されている。平成29年告示の中学校学習指導要領において，この文言が出てくる部分を見てみよう。

> 声の音色や響き及び言葉の特性と曲種に応じた発声との関わりについて理解すること。
> （［第2学年及び第3学年］A表現（1）イ（イ），下線は筆者による）

つまり，「曲種に応じた発声」は身に付けるべき「技能」ではなく，「知識」に関する指導事項に位置付けられている。我が国の伝統的な歌唱に限らず，発声法を身に付けることは容易なことではなく，ましてや，多種多様な曲種に応じた個々の発声法を習得することは困難である。音楽科の学習においては，「曲種に応じた発声」を習得することが目的ではなく，表現を創意工夫していく上で手掛かりとなる「知識」に関わる内容なのだということを，あらためて確認しておきたい。では，「技能」については，どのように示されているだろうか。

小学校低学年で身に付けた「自分の歌声」に

「気を付けて歌う」ことを生かし，子供が曲の特徴にふさわしい歌い方を模索する中で自分の声をよく知り，高学年までには，その曲にとって「自然」な，曲にふさわしい歌い方のできるような声の表現の幅を広げるとともに，音に対する感受性と身体感覚を養うことが，中学校で学習する歌唱の技能の基盤となるのだ，という技能の育ちの道筋が見出せるだろう（図）。

発声法など特定の歌い方の技能の習得を目的とするのではなく，様々な場面で活用できる汎用性のある資質・能力の育成という視点をもつということは，伝統的な歌唱や器楽の指導においても同様だと言えよう。中教審答申において指摘された「学びの連続性」について念頭に置きつつ，長期的な視点で子供の資質・能力の育成を考えていくことが大切である。

以上，学習指導要領の配慮事項に示された内容について詳しく見てきたが，いずれも「本来そうだから」や「そうあるべき」だからではなく，あくまで児童生徒が「よさなどを感じ取」り，その音楽を「一層味わうことができる」ようにすることが目的であるということを常に念頭に置きたい。

（志民一成）

図　小・中学校における歌い方や発声等に関する技能の系統

中学校・第2学年及び第3学年：A表現（1）歌唱ウ（ア）
「創意工夫を生かした表現で歌うために必要な発声，言葉の発音，身体の使い方などの技能」

中学校・第1学年：A表現（1）歌唱ウ（ア）
「創意工夫を生かした表現で歌うために必要な発声，言葉の発音，身体の使い方などの技能」

小学校・第5学年及び第6学年：A表現（1）歌唱ウ（イ）
「呼吸及び発音の仕方に気を付けて，自然で無理のない，響きのある歌い方で歌う技能」

小学校・第3学年及び第4学年：A表現（1）歌唱ウ（イ）
「呼吸及び発音の仕方に気を付けて，自然で無理のない歌い方で歌う技能」

小学校・第1学年及び第2学年：A表現（1）歌唱ウ（イ）
「自分の歌声及び発音に気を付けて歌う技能」

（下線は筆者による）

【資料1】「郷土や地域に関する教育（現代的な諸課題に関する教科等横断的な教育内容）」小学校音楽科
〔第1学年及び第2学年〕
第2
　3(3)　鑑賞教材は次に示すものを取り扱う。
　　　ア　我が国及び諸外国のわらべうたや遊びうた，行進曲や踊りの音楽など体を動かすことの快さ
　　　　を感じ取りやすい音楽，日常の生活に関連して情景を思い浮かべやすい音楽など，いろいろ
　　　　な種類の曲

第3
　2(3)　我が国や郷土の音楽の指導に当たっては，そのよさなどを感じ取って表現したり鑑賞したりでき
　　　　るよう，音源や楽譜等の示し方，伴奏の仕方，曲に合った歌い方や楽器の演奏の仕方などの指導
　　　　方法を工夫すること。
　　(4)　各学年の「A表現」の(1)の歌唱の指導に当たっては，次のとおり取り扱うこと。
　　　ア　歌唱教材については，我が国や郷土の音楽に愛着がもてるよう，共通教材のほか，長い間親
　　　　しまれてきた唱歌，それぞれの地方に伝承されているわらべうたや民謡など日本のうたを含
　　　　めて取り上げるようにすること。
　　(5)　各学年の「A表現」の(2)の楽器については，次のとおり取り扱うこと。
　　　ア　各学年で取り上げる打楽器は，木琴，鉄琴，和楽器，諸外国に伝わる様々な楽器を含めて，演
　　　　奏の効果，児童や学校の実態を考慮して選択すること。
（1～4学年は省略。）
　　　エ　第5学年及び第6学年で取り上げる旋律楽器は，既習の楽器を含めて，電子楽器，和楽器，諸
　　　　外国に伝わる楽器などの中から児童や学校の実態を考慮して選択すること。
　　　　　　　　　　　　　　　　　　　　　　　　（小学校学習指導要領解説総則編 p.220（下線は筆者による））

【資料2】「郷土や地域に関する教育（現代的な諸課題に関する教科等横断的な教育内容）」中学校音楽科
〔第1学年〕
B　鑑賞
(1)　　鑑賞の活動を通して，次の事項を身に付けることができるよう指導する。
　イ　　次の(ア)から(ウ)までについて理解すること。
(ウ)　我が国や郷土の伝統音楽及びアジア地域の諸民族の音楽の特徴と，その特徴から生まれる音楽の
　　　多様性
〔第2学年及び第3学年〕
B　鑑賞
(1)　　鑑賞の活動を通して，次の事項を身に付けることができるよう指導する。
　イ　　次の(ア)から(ウ)までについて理解すること。
(ウ)　我が国や郷土の伝統音楽及び諸外国の様々な音楽の特徴と，その特徴から生まれる音楽の多様性

第3
　ア　　私たちがよりよい社会を築いていくために解決すべき課題を多面的・多角的に考察，構想し，自
　　　　分の考えを説明，論述すること。
　2(2)　各学年の「A表現」の(1)の歌唱の指導に当たっては，次のとおり取り扱うこと。
　　　ア　歌唱教材は，次に示すものを取り扱うこと。
　(イ)　民謡，長唄などの我が国の伝統的な歌唱のうち，生徒や学校，地域の実態を考慮して，伝統的な
　　　　声や歌い方の特徴を感じ取れるもの。なお，これらを取り扱う際は，その表現活動を通して，生
　　　　徒が我が国や郷土の伝統音楽のよさを味わい，愛着をもつことができるよう工夫すること。
　　(3)　各学年の「A表現」の(2)の器楽の指導に当たっては，次のとおり取り扱うこと。
　　　イ　生徒や学校，地域の実態などを考慮した上で，指導上の必要に応じて和楽器，弦楽器，管楽器，打楽器，
　　　　鍵盤楽器，電子楽器及び世界の諸民族の楽器を適宜用いること。なお，3学年間を通じて1種類以
　　　　上の和楽器を取り扱い，その表現活動を通して，生徒が我が国や郷土の伝統音楽のよさを味わい，
　　　　愛着をもつことができるよう工夫すること。
　　(8)　各学年の「B鑑賞」の指導に当たっては，次のとおり取り扱うこと。
　　　ア　鑑賞教材は，我が国や郷土の伝統音楽を含む我が国及び諸外国の様々な音楽のうち，指導のねら
　　　　いに照らして適切なものを取り扱うこと。
　　　　　　　　　　　　　　　　　　　　　　　　（中学校学習指導要領解説総則編 p.218（下線は筆者による））

日本音楽を学校でどう教えるか

第II章

わらべうた

1

わらべうたの学習内容

(1) わらべうたとは何か

　わらべうたとは，子どもたちが日々の生活の中で，また遊びの中で歌ってきた，歌い継いできた歌のことである。誰がつくったともわからないが，子どもたちのあいだで自然発生的に歌い継がれてきた歌である。わらべうたは，日本語のもつ抑揚とリズム感がおのずと表れて歌となったものといえよう。

　わらべうたは，①となえごと（囃し歌，悪口歌なども含む），②絵描き歌，③遊び歌（道具を使うもの，例えばまりつき歌，なわとび遊びの歌など），④身体を使った遊び歌，⑤鬼遊びの歌，鬼決めの歌，等に分類される。

　①となえごとの例としては，《かみさまの言うとおり》など。また，単に数を数える時にも，言葉に自然に抑揚とリズムがつく（いち，にー，さん，しー……など）。あるいは，悪口で囃し立てる時にも歌があらわれる（おまえのかあさん，でべそ，など）。

　②絵描き歌は，例えば《さんちゃんが，豆くって》など。③遊び歌は，《あんたがたどこさ》，《大波小波》，《ゆうびんやさん》など。④身体を使った遊び歌は，お手合わせ歌や，《おちゃらか》，《ずいずいずっころばし》など。⑤鬼遊び，鬼決めの歌は，例えば《あーぶくたった，煮えたった》などである。

　昔歌ったわらべうたを，遊びの動きとともに思い出そう。実際にわらべうたで遊んでみると，歌が身体の動きと連動していることに気付いたり，友達と身体の動きを合わせたり拍をそろえる効果があることが実感できる。

(2) わらべうたの特徴

① 遊びの道具としての歌

　子どもたちがわらべうたを歌いながら遊んでいる場面を見ると，遊びに夢中であり，楽しくてしかたない，または負けてくやしい等，感情の大きな動きがある。身体を動かすことによる高揚感もあるため，とても力強い歌声となる。音程など気にしていない。これは，音楽室で響きのある声で歌を歌う場面，お互いの声を聴き合ってとけ合わせようとする歌い方とは全く違うものである。遊びの中で歌が生まれている，その状況を理解しよう。

　わらべうたは，遊びの道具としての歌である。友だちと一緒に遊ぶ時，お互いの動きをそろえ，拍をそろえ，息を合わせる。わらべうたは，子どもの動きを同期させ，子どもどうしのコミュニケーションや交流を促すものだといえる。

　一方で，子どもたちは歌をどんどんつくり変えて楽しむ。「いちじく，にんじん，さんまのしおやき…」など，言葉遊びを楽しんだり，「森とんかつ，泉にんにく，かーこんにゃく…」など韻をふんだ言葉のリズムを楽しんだりもする。わらべうたには，言葉遊びと即興的な要素も含まれている。

② わらべうたに内在する音感覚の意識化

　一方で音楽的側面から見ると，わらべうたのリズムや音程には日本の伝統音楽のエッセンス，いわば日本的な音感が内包されている。

　1960年代，自国の伝統的な音感覚をどう育てるか，日本語から出発する音楽教育といった課題意識から，各地でわらべうたを用いた音楽教育の運動が活発に展開された。また，音楽的母語であるわらべうたから音楽教育を始めるという理念を提唱したハンガリーのコダーイ・システムも，わらべうたを用いた音楽教育の展開に大きな影響を与えた。

　教材としてわらべうたが用いられる時，遊びの道具としての歌から，リズムや音程を意

識化する教材へと変化が生じる。両側面のバランスをとりながら，わらべうたを音楽教育に生かす配慮が教師には求められる。

（3）わらべうたの音組織

わらべうたの旋律は，2音だけ，また3音だけといった狭い音域でできていることが多い。シンプルな音組織だが，その音の動きには規則性がある。

① **2音旋律**

2音からなる旋律では，必ず上の音で終止する（**譜例1：白い音符**）。上の音の方が安定した音であり，核音と見なされる。例としては，となえごとの《あした天気になーれ》など。

② **3音旋律**

3音からなる旋律では，必ず真ん中の音で終止する（**譜例2**）。やはり白い音符が核音である。例としては，《なべなべそこぬけ》など。また，物売りの声《やーきいも》などもこの例にあたる。

③ **4音旋律**

4音からなる旋律では，安定した音である核音が2つとなり4度のわくが生じる（**譜例3**）。下の核音と中間音との音程は短3度で，いわゆる民謡のテトラコルドがここにあらわれる（101頁，日本音楽の音階理論の項参照）。

譜例1

譜例2

譜例3　民謡のテトラコルド

わらべうたに，日本音楽の音組織としてもっとも基本的な民謡のテトラコルドがあら

われることを覚えておこう。これは，日本語に抑揚がついて歌になる時に自然に生じる音程感覚であるといえる。

（4）わらべうたの指導にむけて

昔歌ったわらべうたを思い出してみよう。

「○○ちゃん」，友だちを呼ぶ時に言葉に抑揚をつけて呼んだだろうか。じゃんけんをする時，どんなリズムでじゃんけんをしただろうか。鬼決めのやり方は，各地方で様々なバリエーションがあると思われるが，自分の知っているやり方と，その時に歌った歌を友だちに紹介しよう。

日本の伝統的な音組織にとどまらない，西洋の音階からなるわらべうたも歌っていたかもしれない。また，同じ系統の歌でも地方によって歌詞が違ったり，言葉の抑揚や旋律，リズムに違いが見られることに気付いたりするかもしれない。

岩井正浩はわらべうたの特質を，創造性，伝播・伝承，即興性，地域性，遊びの音楽，集団性等と指摘している。

わらべうたが，つくり変えられ，様々に歌い継がれてきたその特徴を再確認し，では教材としてどのように生かすことができるのか。日本語を母語とする子どもたちの音楽的自発性を発揮させつつ，音程感やリズム感を意識化し育てていくために，具体的にどんな指導のねらいを設定できるか，具体的に考えてみよう。

（本多佐保美）

参考文献

岩井正浩（2004）「わらべ歌」日本音楽教育学会編『日本音楽教育事典』音楽之友社.

小泉文夫編（1969）『わらべうたの研究―共同研究の方法論と東京のわらべうたの調査報告』上巻楽譜編，下巻研究編，わらべうたの研究刊行会.

小泉文夫（1986）『子どもの遊びとうた―わらべうたは生きている』草思社.

2 指導事例

わらべうたの指導実践

1. 題材名「日本のうた　わらべうたであそぼう」（小学校第1学年）

2. 育てたい音楽科の資質・能力

【技能】　・互いの歌声やリズムを聴いて，歌声やリズムを合わせて歌ったりリズム遊びをしたりする。

【知識】　・わらべうたで使われているリズムや音階を理解する。

【思考力・判断力・表現力等】

　　　　　　・声を音楽にしていくことを生かしながら，音遊びを通して，音楽づくりの発想を得る。

【学びに向かう力・人間性等】

　　　　　　・楽しく音楽に関わり，協働して音楽活動をする喜びを味わいながら，音楽経験を生かして，生活を明るく潤いのあるものにしようとする態度を養う。

3. 育てたい汎用的資質・能力

①基礎力　・主体的に音楽に関わる。

　　　　　・日本の音楽や言葉のよさ・面白さに気づく。

　　　　　・リズムや音階の基礎的な知識・技能を身に付ける。

②思考力　・他者とかかわり，一緒に創造的に考える。

　　　　　・組み合わせや新しい見方や考えに柔軟である。

　　　　　・自分なりの思いや意図を持って表現する。

③実践力　・他者とかかわり，即興的な表現を楽しむ。

　　　　　・既習事項を生かして，新しい表現を深めたり広げたりする。

　　　　　・日本の音楽のよさを地域に広める。

4. 教材

①お寺のおしょうさん

②くまさん　くまさん

③お茶を飲みに

④なべなべ　そこぬけ

5. 指導計画（3時間）

①わらべうたタイム（プレ授業）

＜ねらい＞

　色々なわらべうたに親しみ，拍の流れに乗る力や音楽コミュニケーション力の素地を養う。

＜具体的な内容＞

	取り組んだわらべうた（1回15分）
①	おちゃらか　お寺のおしょうさんが
②	お寺のおしょうさんが　じゃんけんポックリげた　なべなべそこぬけ
③	なべなべそこぬけ（8人組）　くまさんくまさん　お茶を飲みに（2人組）
④	お茶を飲みに（円形）　うめとさくらと（集団）
⑤	かごめかごめといもむしごろごろ（パートナーソング）　既習曲

「拍の流れに乗る力」と「音楽コミュニケーションの力」を見取るためのわらべうたタイムを行った。2人組から集団へのわらべうたへと発展させる一方で、特定の友だちとのかかわりから偶然の組み合わせや役交代を楽しむ遊びへと発展させる。

②授業の実際

時	○主な学習活動	●主な指導上の留意点　★評価
1	○「お寺のおしょうさん」「くまさん　くまさん」で遊んだり、歌ったりする。 ○拍の流れに乗ってことばを唱える。 ・タンタンタンウンのリズムに合わせて、果物や野菜の名前を唱えたり、真似したりする。 ○タンタンタンウンに合わせた替え歌をつくり、身ぶりを考える。	●お互いの声や動きを、よく見たり聴いたりするよう助言する。 ★友だちと声や動きを合わせようとしているか。 ●果物や野菜の名前を提示したり、友だちと練習したりして、全員ができるようにする。 ●ことばが拍の中に収まるか、リズム打ちで確かめさせる。 ★拍の流れに乗って、即興的にことばを唱えたり、友だちのふしを真似たりしているか。
2	○拍の流れに乗って、ことばをリズム打ちする。 ・リズム唱やリズム打ちをする。 ・ことばとリズム形とリズムカードを結びつけて唱える。 ○わらべうたと合わせる。 ・リズム打ちやリズム唱をオスティナートにして、わらべうたと合わせる。	●ことば→リズム打ち→リズムことばとステップを踏む。間にリズム打ちをはさむことで、内的聴感を育てる。 ●リズム形を見ながらリズムことばを唱えたり、リズム形から当てはまることばを唱えさせたりする。 ★ことばとリズムの関係に注目し、即興的な表現を楽しもうとしているか。 ●拍とリズムを感じながら、重なりの美しさや面白さを感じさせる。 ★拍の流れに乗ってリズム打ちしたり、変奏したりしているか。
3	○ことばの抑揚を理解する。 ・「なべなべ」や「ゆうやけこやけ」を歌って、音の高低をとらえる。 ・抑揚によって意味が変わることばを知る。例）あめ、にじなど ・わらべうたで使われている音階を鍵盤ハーモニカで真似する。	●ハンドサインで音の高低を感覚的に捉えさせたあと、鍵盤ハーモニカで再現させる。 ●例示をして、ことばの抑揚と音の関係について理解させる。 ★音階を聴き取り、ことばの抑揚を意識して自分なりのふしを作ろうとしているか。

○ことばの抑揚を考え，短いふしをつくる。 ・グループ毎にことばの抑揚に合わせた３文字のふしをつくる。 ・つくったふしを真似したり，リレーしたりする。 ・わらべうたと合わせる。	●グループでつくったふしを鍵盤ハーモニカで演奏してからことばに置き換えることで，音程感を身に付けさせる。 ●つくったふしとわらべうたが重なり合う美しさや面白さを感じさせる。 ★拍の流れに乗って，自分の考えたふしを歌ったり演奏したりしているか。

③わらべうたタイム （アフター授業） ２時間×２回

<ねらい>

　季節や行事に関連したわらべうたで遊び，わらべうたのよさや面白さを友だちや家庭に広げる。

<具体的な内容>

	取り組んだわらべうた（１回45分）
①	あんたがたどこさ　　正月三日　　お月さんこんばんは
②	くまさんくまさん　　子とろ子とろ　　たわらのねずみが

　12〜1月にかけて，季節や気候に合ったわらべうたに取り組んだ。寒い季節であったので，歌いながらボールをついたり，縄跳びを跳んだりして体が温まるわらべうたを紹介した。

　「正月三日」は臼と杵役にわかれてあいどりをするわらべうたで，休み時間や家庭でも遊んだそうだ。

④その他の実践

（１）低学年合同読み聞かせ＆わらべうたの交流会

<ねらい>

　わらべうたで使われている日本語の面白さやことばのリズムに気づく。

<読み聞かせた本>

　あぶくたった

（２）わらべうたであそぼう会（保護者との交流）

<ねらい>

　世代を超えた交流により，長い間受け継がれてきたわらべうた特有のリズム，音階，日本のもつよさや面白さに親しむことで，日本のうたのもつよさや楽しさに気づく。

<プログラム>

○はじめのことば

○わらべうたであそぼう 「おてらのおしょうさん」「うめとさくらと」「おちゃをのみに」「なべなべ」

○先生のお話

○おわりのことば

6　本時の学習指導（2／3時）

(1)　本時の目標

・ことばとリズムの関係に着目し，意欲的に取り組もうとする。（学びに向かう力，人間性）

・拍の流れにのってリズムを打ったり，変奏したりする。（技能）

(2)　本時の展開

学習内容（○）と主な学習活動（・）	教師の働きかけ（●）と評価（★）
○問答遊びをする。 ・ペアで，♩　♩　♩　ウン　のリズムに合わせて問答遊びをする。 例）Aさん：「○○さん（ウン）どれが好き？（ウン）」 　　Bさん：「いちご　（ウン）」 ・グループで問答遊びをする。 ○ことばとリズムを結びつける。 ・ことばのリズム打ちをする。 例）かぼちゃ→タン　タン　タン　ウン 　　アボカド→タン　タタ　タン　ウン 　　さくらんぼ→タタ　タタ　タン　ウン ・リズムとリズムカードをつなげる。 例）○○○V＝タンタンタンウン ・ことばとリズムを結びつけて唱える。 例）かぼちゃ→タンタンタンウン（リズム打ち） 　　→タンタンタンウン（リズム唱） ・リズムカードに選んだことばを書く。 例）たーまねぎ→○○○V 　　カリフラワー→○○○V ○リズムで遊ぶ ・既習のわらべうたとリズム打ちを合わせる。 例）くまさんくまさん＋「♫　♫　♩　ウン」繰り返す。 　　お茶を飲みに＋「♩　♩　♩　ウン」繰り返す。	●3文字の野菜や果物を使って問答遊びさせる。 ●ウッドブロックをリズムに合わせて鳴らし，拍が切れないようにする。 ●互いの声や動きを合わせようとしたグループを賞賛する。 ●ことば→リズム打ち→リズムことばとステップを踏むことで，内的聴感を育てる。 ●リズムカードを提示して，リズムに関する基礎的な知識が身に付くようにする。 ●記入したことばとリズム形が合っているかどうか，個別評定する。 ●正しく書けた児童を紹介し，全員で真似ることで共有する。 ★ことばとリズムの関係に着目し，即興的な表現を楽しもうとしている。（学びに向かう力，活動観察） ●わらべうたとリズムが重なり合う美しさや面白さを感じさせる。できそうな児童には，リズム打ちも挑戦させる。 ★拍の流れにのって，リズムを打ちながらわらべうたを合わせることができたか。（技能，演奏聴取）

（竹中洋子）

日本音楽を学校でどう教えるか

第III章

民　謡

1

民謡の学習内容

（1）生活と密接につながった民謡

　学習指導要領では，小学校及び中学校ともに取り上げるべき歌唱教材として民謡が例示されている。辞書によれば，民謡とは「各地の庶民の日常生活の中から自然に生まれて長い間伝承され，その地方の人々の生活感情を表している素朴な歌謡」（大辞林第4版）と定義されている。また，その種類として，仕事唄・祝い唄・酒盛り唄・盆踊り唄などが挙げられている。

　つまり，民謡は生活と密接した音楽なのである。そういった点では，新学習指導要領のキーワードともなっている「音楽的な見方・考え方」を働かせることや，教科の目標にある「生活や社会の中の音や音楽，音楽文化と豊かに関わる資質・能力」（下線は中学校のみ）を育成していく上で，大変有効な教材となることが期待される。それゆえ，曲のもつ背景を授業に生かすという視点をもちながら指導を計画したい。それにはまず，民謡がどのような生活の場面でうたわれてきたのかを知ることが不可欠である。

①　民謡の種類と代表的な民謡

　ここでは種類ごとに，民謡がどのような生活の場面でうたわれてきたのかを概観し，それぞれの代表的な民謡を示すことにする。なお，民謡の種類に関しては様々な分類方法がある。ここでは，仕事唄，祝い唄，盆踊り唄について分類ごとに見ていくことにする。また，民謡がどの種類に分類されるかは，複数の分類に位置付けられたり（つまり音楽として様々な機能をもっていた等），時代によって位置付けが変わったりした（つまりうたわれていた生活の場面が変化した）などの理由で，明確でないものもあることを，予め述べておきたい。

a）作業唄

　作業唄とは，文字通り作業に伴ってうたわれた民謡である。例えば，馬子が馬を引きながらうたった馬子唄［箱根馬子唄（神奈川県），小諸馬子唄（長野県）など］や，家などを建てる際に大黒柱を立てるための地面を搗き固める作業をしながらうたわれた土搗唄［相馬土搗唄（福島県），地搗き唄（静岡県）など］などがある。

　これらの民謡には，作業の辛さを軽減したり，長時間作業を続けるための気分転換としてうたわれたり，唄に合わせることで作業の動きを合わせたりするなどといった効果があり，唄によって作業の効率改善につなげていたという，先人たちの知恵が盛り込まれた音楽だと言える。なお，家の安全祈願も込められた土搗唄には，次で述べる「祝い唄」の要素も含まれると考えられる。

　音楽科の学習においては，実際の作業を擬似的に体験しながらうたうなどすることによって，曲の背景や生活や社会での役割について考えることができる教材として意義がある。

［その他，代表的な作業歌］ソーラン節（北海道民謡），南部牛追い唄（岩手県民謡），音頭の舟唄（広島県民謡），日向木挽唄（宮崎県民謡），pp. 30-31の事例にある「安倍川粘土搗き唄」（静岡県）

b）祝い唄，祝儀唄

　祝い唄，祝儀唄は，正月や婚礼など祝い事や儀式等がある際に，祈願としてうたわれたり，成就したお礼としてうたわれたりした唄である。例えば，婚礼に際して花嫁行列の箪笥長持を担いだ人たちがうたった長持唄（宮城県，山形県，静岡県など多数）や，正月に大黒天に扮し祝言としてうたい舞った大黒舞（秋田県，岩手県，鳥取県など多数），大漁を祈願してうたわれた大漁節［斎太郎節（大漁唄い込み：宮城県民謡），銚子大漁節（千葉県民謡）］などがある。

　［代表的な祝い唄，祝儀唄］俵積唄（青森県民

謡），お立ち酒（宮城県民謡），江戸木遣り唄
（東京都民謡），こきりこ節（富山県民謡）

c) 盆踊り唄

　お盆（盂蘭盆会）の際に，死者や祖先を供養
するためうたい踊られてきた唄である。先に挙
げた作業唄や祝い唄，また酒盛り唄などであっ
たものが，盆踊りで踊られるようになったもの
も少なくない。つまり，それぞれの地域の生活
や風土などが反映されている唄であることが多
い。

　祝い唄や盆踊り唄の教材化に際しては，教科
等横断的な視点からカリキュラム・マネジメン
トを図り，地域の風習や習慣，伝統や文化との
関わりについての学習として位置付けることは，
大変意義深いだろう。

　［代表的な盆踊り唄（踊り唄を含む）］北海盆
　　唄（北海道民謡），花笠音頭（山形県民謡），
　　相馬盆唄（福島県民謡），八木節（群馬県民謡），
　　日光和楽踊り（栃木県民謡），佐渡おけさ（新
　　潟県民謡），越中おわら節（富山県民謡），郡
　　上節（岐阜県民謡）

　なお，大正から昭和にかけて観光などの目的
で制作された「新民謡」と呼ばれる歌謡があり，
民謡の重要なレパートリーの一部となっている
が，ここでは詳しく述べない。

(2) 民謡の音楽的特徴

　次に，民謡の音楽的な特徴について見ていく
ことにする。大きな特徴として，ここでは①音
階と，②拍や旋律に関わる二つの様式に着目し
たい。

① 音階

　我が国の民謡では，いくつかの音階の使用が
認められる。最も多くみられるのは民謡音階で
あるが，民謡音階以外にも律音階や都節音階が
使われることも多い。また，沖縄地方の民謡で
は琉球音階が使われることが多い（律音階，民
謡音階，都節音階，琉球音階については，101
頁参照）。

　これら音階に関しては，歌唱や器楽等の学習

で得た知識を生かして音楽づくりや創作の学習
につなげることは大変意義がある。音楽づくり
や創作の学習で着実に生かすことができる知識
とするためには，歌唱や器楽の活動で，音階の
働きを十分に感じ取ることができるようにする
ことが大切である。

② 拍や旋律に関わる二つの様式

　日本音楽の研究者として知られる小泉文夫
は，民謡の様式として八木節様式と追分様式の
二つに整理した。追分様式は，学習指導要領（中
学校では「解説」において）に「拍のない音楽」
と記載されているものの代表的な例だと言える。
それに対し，八木節様式は「拍のある音楽」と
いうことになる。しかし，両者の違いは単に拍
が有るか無いかの違いだけでなく，旋律と歌詞
との関係も大きな特徴であり，二つの様式によ
る曲の，曲想の違いやそれぞれのよさを生み出
す重要な要素となっている。

a) 八木節様式（シラビック・スタイル）

　歌詞の1音節（シラブル）に対して1音が対
応する旋律の様式。八木節様式の民謡としては，
ソーラン節や八木節，こきりこ節などが代表例
として挙げられる。三味線や太鼓などの打楽器
で伴奏されることが多いため，「三味線唄」と呼
ばれることもある。

b) 追分様式（メリスマ・スタイル）

　歌詞の1音節に複数の音が対応し，細かなメ
リスマを伴った旋律が特徴である。追分様式の
民謡の代表例としては，江差追分や南部牛追い
唄，音頭の舟唄，箱根馬子唄などが挙げられる。
尺八のみで伴奏されることが多く，「尺八唄」と
呼ばれることもある。

　これら二つの様式による民謡は，それぞれの
よさや味わいをもっているが，音楽科授業にお
ける歌唱教材としては八木節様式の民謡が取り
上げられることが多い。一方，追分様式の民謡は，
鑑賞の学習において拍のある民謡と比較するた
めの教材として位置付けられることがほとんど
のようである。しかしながら，音の伸ばし方や
節回しなどを，自分の思いや意図，また自己の
技能に合わせてうたうという工夫の余地が多く

含まれる追分様式は，歌唱教材としても豊かな可能性をもっていると考える。うたい比べることによって，二つの様式によるそれぞれの民謡のよさや味わいを一層実感できることも期待されると考えれば，もっと歌唱教材として取り扱うことが検討されてよいのではないだろうか。

ここでは民謡の音楽的特徴として，音階と拍や旋律に関わる二つの様式について触れたが，それ以外にも，おはやし（掛け声，合いの手等）や発声，節回しやコブシなども重要な音楽的特徴として挙げられる。それらについては，次項において，学習における取扱いと併せて述べていくことにする。

(3) 民謡の学習における表現の工夫

① おはやし（掛け声，合いの手）を活用する

おはやしは，文字どおり「囃す」ためのものである。唄い手を囃したり，はたまた，作業する人や踊り手を囃したりすることもあるだろう。それゆえ，勢いが感じられるものであったりユニークで印象的な表現であったりするが，それが子供たちの唄への興味や関心をかきたてることにもつながりやすい。まず範唱を鑑賞すると，おはやしに着目する子供も多いことだろう。その時に，「何と言っているのだろう」と範唱を聴きなおしたり，おはやしだけを範唱の音源に合わせて唱えてみるなどしたりすると，歌唱の学習の導入として効果的であろう。

なお，「ソレ」や「ハイハイ」などは「掛け声」，「どうしたどした」などは「合いの手」などと呼ぶ場合もあるが，厳密な分類があるわけではない。いずれにせよ，「囃す」というおはやしの効果を生かせるように表現を工夫していくことを学習のねらいとして位置付けることも，民謡の学習の意義を高めると言えよう。

② 声の使い方を工夫する

民謡は地声でうたうというイメージが強いが，必ずしもそうではない。例えば，「日本のヨーデル」と呼ばれる秋田県民謡の「ホーハイ節」では，裏声と表声の頻繁な交錯が見られるし，奄美地方の民謡では裏声が特徴的に用いられている。このように，我が国の民謡における声の用い方については一様ではなく，様々な様相が見られる。また，本来，民謡が生活に根ざしてうたわれていた頃のうたい方と，舞台やコンクール等でうたわれるようになってからの舞台芸としての声の用い方では大きく異なる。「民謡はこういううたい方でうたうべき」と固定的に捉えるのではなく，まずは範唱をよく聴いてうたい方の特徴を捉え，そこで得た知識を生かして表現を工夫しようとすることが大切だと言えよう。

その際，例えば中学校では「曲想と曲種に応じた発声との関わり」について得た知識を活用することが考えられる。「曲種に応じた発声」については，第1章2でも触れたとおりだが，習得すべき「技能」としてではなく，「知識」に関する指導事項の文言の一部として位置付けられている。つまり，曲種に応じた発声によって，その曲の曲想が生み出されていることを理解し，その知識を生かして，どのようにうたうかについて思いや意図をもつ，という学習の関連付けが大切であり，「曲種に応じた発声」を技能として身に付けることに捉われないようにしなければならない。

ここで留意したいことは，まず子供が自分の声に合ったうたい方，そして，曲を生かすことができるようなうたい方を探究できるように指導することである。その際，うたう高さ（キーの選択）や速さ，伴奏の仕方などにも配慮したい。特に範唱と同じ高さでうたうかは，慎重に検討すべきだろう。なぜならば，民謡歌手は張りのある声を最大限に引き出すために，できるだけ高いキーでうたえるようトレーニングをしているということが考えられ，トレーニングを重ねた結果獲得した高音域の声を，子供が真似してうたうことは危険な面がある。子供たちの声を生かすことができる高さを，子供と一緒に探るようにしてもよいだろう。

また，和楽器による伴奏は，民謡らしいうたい方との親和性が高い（コブシなど声の微妙な

変化に対応しやすい）という指摘もあり，可能であればぜひ取り入れるようにしたい。

③　節回し，コブシに着目する

「産み字」という独特な節回しは民謡以外の我が国の伝統的な歌唱にも見られるが，民謡においても重要な音楽的特徴である。特に，追分様式では複雑な節回しが特徴となる。

またコブシは，八木節様式でも追分様式においても民謡特有のよさや味わいを生み出す重要な要素である。コブシを定義するならば，1つの音節に対して旋律を装飾してうたう（メリスマ）うたい方である。同じメリスマである産み字は旋律の骨格を成すものだが，コブシはより細かな装飾的な動きである。コブシには多種多様なものがあり，また，名称や分類方法も様々である。例えば，声の音程を上下に揺らしてうたう「ゆり」や，旋律の音の高さに到達する前に低い音程からずり上げるようにしてうたう「すり上げ」などがある。

コブシは一朝一夕に身に付くものではない。また，他の伝統的な歌唱にも言えることだが，初学者が学習する際，まずはしっかりと声を出してうたうことが重視され，コブシを入れることはずっと学習が進んでから求められる。これは，コブシを入れることを意識しすぎるあまり，基盤となる声を出すことが疎かになってしまうことを避けようという配慮からだと思われる。

しかしながら，子供にとってコブシはとても魅力的なものであり，コブシへの興味や関心を学習のへ入口にして，民謡のよさを感じながらうたうことはとても意義がある。そういった思いや願いは大切にしながらも，子供の実態やこれまでの学習経験などを考慮して，技能としてどこまで学習に位置付けるかは慎重に検討すべきであろう。

④　体を通した学習を採り入れる

すでに述べたように，民謡には作業唄や盆踊り唄など，動きやジェスチャーを伴うものが多く，それらを活用することで，様々な音楽学習につながる可能性がある。例えば，作業唄をうたいながら作業をしたり，盆踊り唄をうたいな

がら踊ったりすることで，音楽と作業の動きやジェスチャーの関係について身体を通して実感したり，その唄がどのように背景となるものと関連付いていたかといった知識を獲得したりすることにつながることが期待される。

また，実際の作業をしながらうたい，音楽のどの箇所（拍や歌詞との対応関係等）で，どの体の部分にどのように力を入れていたのかについて体を通して感じ取ることで，どううたったらその曲の特徴を生かしてうたうことができるかといった工夫のヒントになったり，さらには，うたう際の技能（身体の使い方）を導き出したりすることにつながることが考えられる。

このように動きやジェスチャーをしながらうたうことで，当時の人たちの身体と重ね合わせ，唄に込められた思いや意図について，身体を通して感じ取ることは大変意義のある学びだと言えよう。

⑤　わらべうたとの共通点を学習に生かす

小学校の学習指導要領では，歌唱の共通教材として「ひらいたひらいた」（第1学年及び第2学年）といったわらべうたが入っていたり，取り上げるべき歌唱教材としてわらべうたが示されていたり（第3　指導計画の作成と内容の取扱い2（4）），また，低学年における鑑賞教材の例示としてわらべうたが挙げられていたりする。

わらべうたと民謡には多くの共通点がある。音階やリズム，うたい方など音楽的要素にも共通性が見られるが，生活的・社会的機能としての共通点も見出すことができる。例えば，わらべうたにはジェスチャーが付いたものが多いが，互いの動きや息を合わせたり，遊びを盛り上げたりするという唄の機能は民謡とも重なる部分である。そういった共通点を視点としてもち，長期的なスパンで指導計画に盛り込むことは，とても意義深いだろう。

（志民一成）

参考文献
小泉文夫（1984）『日本伝統音楽の研究2　リズム』小島美子・小柴はるみ編，音楽之友社

2 実践事例
民謡の指導実践　郷土の民謡を学ぶ

1．題材名「郷土の民謡のよさを味わおう」（中学校第1学年）

2．育てたい音楽科の資質・能力

【技能】　民謡を歌うために必要な発声，体の使い方などの技能を身に付ける。

【知識】　民謡の歌い方の特徴（地声，コブシ，産字，囃しことば，数え歌形式）や歌詞の内容及び曲の背景となる文化や歴史との関わりを理解する。

【思考力・判断力・表現力等】
　　　　民謡に関わる知識や技能を得たり生かしたりしながら歌唱表現を創意工夫したり，地域の人々による民謡の演奏を自分なりに評価し，よさを味わって聴いたりする。

【学びに向かう力・人間性等】
　　　　地域の演奏家から歌唱指導を受ける体験を通して主体的に表現したり，地域の民謡を鑑賞することで郷土の民謡に親しんだりして，郷土の伝統音楽のよさを一層味わい愛着をもつ。

3．育てたい汎用的資質・能力

①基礎力　　・よりよい民謡の歌唱表現を目指そうとする。
　　　　　　・郷土の民謡に関する知識や歌い方の特徴を習得し，民謡の歌唱表現に活用する。
　　　　　　・郷土の民謡のよさを多面的に捉え，その多様性を認める。

②思考力　　・自らの歌唱表現について課題を見つけ，その解決に取り組む。
　　　　　　・他者と共に民謡の歌い方の特徴を考え，歌唱表現の工夫につなげる。
　　　　　　・郷土の民謡について，根拠をもって自分の考えを述べる。

（③実践力）・主体的に郷土の民謡を歌う活動に取り組み，郷土に対する愛着をもつ。
　　　　　　・社会の一員として，郷土の民謡に誇りをもち，継承していこうとする。

4．教材

①千葉県民謡《銚子大漁節》
②千葉市民謡《朝の出がけ》《お手玉うた》《田植唄》
③千葉市新民謡《千葉小唄》
④北海道民謡《江差追分》

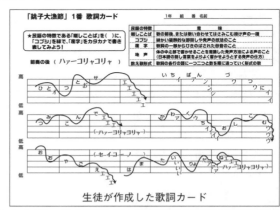

生徒が作成した歌詞カード

5．指導計画（4時間）

第1次（3時間）

①《銚子みなとまつり》の様子や《銚子大漁節》の歌詞の内容及び背景との関わりを理解し，郷土の音楽に関心をもって歌う。

②民謡の歌い方の特徴（地声，コブシ，産字，囃しことば，数え歌形式）が生み出す特質や雰囲気を生かして《銚子大漁節》の歌唱表現を工夫し，思いや意図をもって歌う。

③地域の演奏家からのアドバイスを生かし《銚子大漁節》の歌唱表現を創意工夫する中で，思いや意図を深め，民謡を歌うために必要な発声，言葉の発音，身体の使い方などの技能を身に付けて歌う。

第2次（1時間）

①《江差追分》から新たな民謡の特徴（拍のない音楽）を捉えた上で，千葉市の民謡について根拠を
もって批評し，人々の生活に根差した郷土及び日本の民謡のよさを味わって聴く。

6．本時の学習指導（2／4時）

(1) 本時の目標

　民謡の歌い方の特徴（地声，コブシ，産字，囃しことば，数え歌形式）が生み出す特質や雰囲
気を生かして《銚子大漁節》の歌唱表現を工夫し，思いや意図をもって歌うことができる。

(2) 本時の展開

学習内容（○）と主な学習活動（・）	教師の働きかけ（●）と評価（★）
○前時の学習を思い出し，「銚子大漁節」を3番まで歌う。 ○本時の目標を確認する。	●前時に学習した《銚子大漁節》についてポイントをおさえ，範唱に合わせて一緒に歌う。
民謡の歌い方の特徴を生かした歌唱表現を工夫しよう。	
○《銚子大漁節》の範唱を聴き，民謡の歌い方の特徴を考える。 ・範唱を聴き，民謡の歌い方の特徴をグループで話し合う。 ・グループで出た意見を分類して黒板に掲示し，クラス全体で民謡の歌い方の特徴を共有する。	●生徒が気付いた歌い方の特徴を，グループごとに付箋に書かせる。 ●特徴を言葉で表すのが難しい生徒には，「声の音色」や「旋律の動き」などの要素に注目させたり，今までの歌唱曲と比べて「～な感じ」といった書き方の例を示したりする。 ●分類したそれぞれの特徴が「囃しことば」「コブシ」「産字」「地声」であることを伝える。 ●生徒が気付いた特徴については，全て肯定的に受け止める。 ★民謡の歌い方の特徴が生み出す特質や雰囲気を理解しているか。
・教師による範唱（1番）を繰り返し聴き，歌詞カードに「コブシ」の節回しを線で描き入れたり，「囃しことば」や「産字」を書き加えたりする。 ○民謡の歌い方の特徴を生かして歌唱表現を工夫する。 ・自分が記録した歌詞カードを見ながら，グループで歌唱表現を工夫する。 ○練習の成果を，グループごとに発表する。 ・各グループ発表の良かったところを評価する。	●歌詞カードの書き方を，1番の冒頭「ひとつとせ」を例に挙げて視覚的に示す。 ●教師が部分的に繰り返して範唱し，特に「コブシ」や「産字」はゆっくり大げさに歌う。 ●各グループを巡視し，民謡の歌い方の特徴をなるべく大げさに表現するよう呼びかける。 ●歌詞カードはグループ練習の課程で書き加えてもよいことを伝える。 ●各グループ練習の課程で頑張っていたことを取り上げて紹介する。 ★《銚子大漁節》の歌唱表現を工夫し，思いや意図をもって歌うことができたか。
○本時の活動を振り返る。 ・本時を振り返り，成果と課題をワークシートにまとめる。 ○次時の学習内容を知る。	●本時の活動をまとめる。 ・数人に発表させ，課題は次時につなげる。 ・次時はゲストティーチャーに来ていただき，民謡をさらに工夫して歌うことを伝える。

（藤田美紀）

3 実践事例
音楽づくりを取り入れた民謡の学習

1．題材名「日本の民謡に親しもう」（小学校第5学年）

2．育てたい音楽科の資質・能力

【技能】 　拍の流れにのって，《秋田音頭》に「囃子言葉・合いの手」をタイミングよく入れて歌う。

【知識】 　日本の民謡を特徴づけている要素を知る。

【思考力・判断力・表現力等】
　《秋田音頭》の音頭に合う「囃子言葉・合いの手」をつくる。

【学びに向かう力・人間性等】
　曲想と音楽の構造との関わりを理解するために，友だちと意見交換しながら日本の民謡を鑑賞し，その知識を元に「囃子言葉・合いの手」をつくって表現する。

3．育てたい汎用的資質・能力

・観点をもって分析的に音楽を鑑賞することで，楽曲全体のよさを知る。

・鑑賞で得た知識を元に音楽づくりをする。

・日本の民謡のよさを，鑑賞・音楽づくり・歌唱を通して知る。

・グループで話し合いながら表現の工夫をする。

4．教材

　鑑賞：《大漁節》《日向木挽き歌》《祖谷の木挽き歌》《弥三郎節》

　表現：《秋田音頭》

5．指導計画（3時間）

第1次（2時間）

○日本の民謡を聴き比べ，特徴を知る。

①《大漁節》《日向木挽き歌》《祖谷の木挽き歌》《弥三郎節》を自分なりの観点をもって仲間分けできるように鑑賞する。

②どのように仲間分けしたか話し合うことで，それぞれの民謡を形づくっている音楽的な要素を確認する。

③見つけた要素のうちの「囃子言葉・合いの手」を取り上げ，《大漁節》のCDに合わせて「アーコリャコリャ」と歌ってみる。

第2次（1時間）

○《秋田音頭》に知っている囃子言葉やつくった合いの手を入れて歌う。

①カラオケ作成ソフトで歌唱部分を除いた《秋田音頭》を伴奏にした音頭の範唱を聴く。

②歌詞カードを見ながら「囃子言葉・合いの手」の言葉と入れるところを考える。

③グループで手拍子をしながら音頭につくった「囃子言葉・合いの手」を入れて歌ってみる。

6．本時の学習指導（3／3時）

（1）本時の目標

　《秋田音頭》につくった「囃子言葉・合いの手」を入れて歌う。

（2）本時の展開

学習内容（○）と主な学習活動（・）	教師の働きかけ（●）と評価（★）
○《秋田音頭》の音頭を聴き，歌ってみる。 ・教師の範唱を聴き，音頭を知る。 ・手拍子をしながら歌ってみる。 ・節と節の間に長い間（ま）があり，「囃子言葉・合いの手」が入れられることを確認する。 ○めあての確認をする。 　《秋田音頭》につくった「囃子言葉・合いの手」を入れて歌おう ○歌詞カードに考えた「囃子言葉・合いの手」を書き込み，友だちと歌ってみる。 ・手拍子に乗せて友だちに音頭を歌ってもらい，つくった「囃子言葉・合いの手」を入れてみる。 ・グループでアドバイスし合う。 　コラ秋田名物八森ハタハタ　男鹿で男鹿ブリコ　**ブリブリ** 　能代春慶　桧山納豆　大館局わっぱ　**あとナマハゲ** ○歌えるようになったグループの発表を聴く。 ・演奏後，どこに「囃子言葉・合いの手」を入れていたか確認する。 ○本当の「囃子言葉」が入った《秋田音頭》を鑑賞し，自分がつくったものを見直す。 ・児童が「囃子言葉・合いの手」を入れたのと同じ部分に，かなり長めの「囃子言葉」が入っていることを確認する。 ○本時の学習を振り返る。	●実際の「合いの手」がわからないように，カラオケ作成ソフトで歌唱部分を除いた音源を使う。 ●《秋田音頭》は日本語のラップのようなものなので，手拍子をしながらリズムにのれば，すぐに歌えることを伝える。 ●前時《大漁節》の「囃子言葉」を歌ったことを想起させる。 ●実際に「合いの手」が入る部分で改行した歌詞カードを用意する。 ●歌う人全員が手拍子をして，タイミングを合わせるよう声をかける。 ●どこにどんな言葉を入れたか，自分がつくったものと比べて聴くように声をかける。 ★節の終わりの部分に，歌詞の内容に合った言葉を入れて書いている。（ワークシート） ●児童が「音頭」と「囃子言葉・合いの手」の関わりを理解したことを称揚する。

（村田美香）

4 実践事例

地域の民謡の鑑賞指導

1．題材名「日本の民謡に親しもう」（中学校第2学年）

2．育てたい音楽科の資質・能力

【技能】　　曲種に応じた発声や、言葉の特性を生かした音楽表現をする。

【知識】　　日本民謡の音楽的特徴や曲が生まれた背景を理解する。

【思考力・判断力・表現力等】　比較鑑賞することにより、曲の共通点や相違点を見つける。

【学びに向かう力・人間性等】　様々な地域の民謡に関心をもち，主体的に鑑賞する。

3．育てたい汎用的資質・能力

・主体的に音楽に関わる。

・根拠をもって自分の感じたことを述べる。

・知識・技能を活用し、曲の特徴をまとめることができる。

4．教材

表現：《鯨唄》(安房郡鋸南町)

鑑賞：《南部牛追い歌》(岩手県)　《秋田音頭》(秋田県)　《大漁節》(千葉県)

　　　《八木節》(群馬県・栃木県)　《日向木挽唄》(宮崎県)　《谷茶前》(沖縄県)

5．指導計画（4時間）

第1次（2時間）

○楽曲の生まれた背景に関心をもち，郷土に伝わる《鯨唄》を歌う。

①《鯨唄》を聴き，旋律の流れを図形譜に表すなど音楽の特徴を感じ取り、歌詞の内容を理解する。

②鋸南町に伝わる《鯨唄》をゲストティーチャーに教えていただき，表現を工夫しながら歌う。

第2次（2時間）

○日本の民謡の声や音楽の特徴を感じ取り，魅力を伝え合い，音楽のよさや美しさを味わう。

①6曲の日本の民謡を鑑賞し，声や音楽の特徴を感じ取る。

②前時に鑑賞した曲の中から2曲をグループ鑑賞し，声や音楽の特徴など感じ取ったことを発表する。

　日本の民謡の魅力を文章やキャッチフレーズに表して，伝え合う。

鯨唄

〔サア　突いたかしょ　突いたかしょ
ホイ　　槌鯨（つち）のこもつは
突いたかしょ〕

一　うれしめでたの
ヤレ　若松さまよ　ナアエヤ
ヤレ　若松さまよ　ナアエヤ
ア　枝も栄える　葉もしげる
〔サア　突いたかしょ　突いたかしょ
ホイ　　槌鯨（つち）のこもつは
突いたかしょ〕

※囃し以下同じ

二　今度突いたも
ヤレ　勝山組よ　ナアエヤ
ヤレ　勝山組よ　ナアエヤ
ア　親もとるとる子もとるよ

三　沖のかごめに
ヤレ　もの問えば　ナアエヤ
ヤレ　もの問えば　ナアエヤ
ア　槌鯨は来る来る　あすも来る

6．本時の学習指導（4／4時）

（1）本時の目標

　声や音楽の特徴を感じ取り，各地の民謡の魅力を伝え合い，よさや美しさを共有する。

（2）本時の展開

学習内容（○）と主な学習活動（・）	教師の働きかけ（●）と評価（★）
○学習の雰囲気を作る。 ・節回しや囃しことばの歌い方を模倣する。 ・《鯨唄》の1番を歌う。 ○本時の目標を確認する。	●民謡らしい声で明るくのびのびと歌わせ，本時の活動へつなげていく。
声や音楽の特徴を感じ取り，各地の民謡の魅力を伝え合い，よさや美しさを味わおう	
○曲を聴く視点を確認する。 　　①声　　：歌や囃しことばの声の出し方 　　②リズム：八木節様式と追分様式 　　③背景　：生活や人々の暮らしとどう結びついているか 　　④楽器　：使用している楽器とその音色 　　⑤雰囲気：音楽が醸し出している雰囲気	●「声」「リズム」「背景」「楽器」「雰囲気」等に着目するよう助言する。この時，グループごとに視点を絞って重点的に聴き取ることを確認する。
○グループで選んだ2曲を比較鑑賞する。 ・曲を聴き，新たに感じ取ったことをワークシートに書き加えたり，意見交換をしたりして，曲の特徴をホワイトボードにまとめる。 〔共通事項〕音色　リズム　速度　旋律　拍 ＜予想される生徒の考え＞ 「八木節はたくさんの楽器が入り，にぎやかで祭りのような感じがする。日向木挽唄は尺八だけで演奏されていて，味わいがある。」 「大漁節はみんなが手拍子をしながら一緒に歌う感じがする。南部牛追い歌は一人で歌うような感じがする。」	●自信をもって発言できるよう，前時のワークシート内容に線を引いたり，朱を入れたりしておく。（知覚したこと→赤　感受したこと→青） ●適宜，グループの気付きを全体に紹介しながら活動を進めていく。 ★様々な地域の民謡に関心をもち，2曲の共通点や相違点を見つけながら鑑賞する学習に意欲的に取り組もうとしている。（活動観察） ●記入したボードを提示しながら発表し，楽曲の特徴や魅力が仲間に伝わるように内容を工夫させる。
○2つの楽曲を比較して鑑賞したことをもとに，音楽の特徴についてグループで発表する。 ・グループごとに話し合ったことを発表する。 ・民謡の声や音楽の特徴を音，楽器，声などで確認しながら全体で共有する。	●発表内容をもとに音や音楽を通して，考えを仲間と共有する場を設定する。 ★日本の民謡のよさや美しさを味わって聴き，感じ取ったことを言葉で表現したり音を介して伝えたりすることができたか。（発表内容とワークシート記述）
○学習のまとめをする。 ・日本の民謡の魅力をキャッチフレーズや紹介文に表してみる。 ・学習内容を振り返り，日本の民謡の学習のまとめをする。	●民謡の魅力を個々にまとめさせる。 ●他にもそれぞれの地域で愛好されている民謡がたくさんあること，歌い継いでいく大切さを知らせる。

（伊丹裕子）

5 実践事例

地域の民謡と三味線の授業実践

1．**題材名**「郷土の音楽を味わおう〜民謡の味わい　和楽器の魅力〜」（中学校第2学年）

2．**育てたい音楽科の資質・能力**

【技能】　　旋律やリズムの特徴を生かして表現するとともに和楽器の響きを大切にして演奏している。

【知識】　　音楽を特徴づけている要素を理解している。

【思考力・判断力・表現力等】《白浜音頭》の旋律やリズムの特徴を感じ取り，表現を工夫している。

【学びに向かう力・人間性等】民謡に関心をもち，和楽器演奏に積極的に取り組もうとしている。

3．**育てたい汎用的資質・能力**

・主体的に音楽に関わり，よりよい演奏をめざす。

・根拠をもって自分の考えを述べる。

・地域の民謡に興味・関心をもち，歌い継いでいこうとする気持ちを高める。

4．**教材**

　　表現：《白浜音頭》（南房総市白浜町）

　　鑑賞：《ソーラン節》（北海道）《江差追分》（北海道）

5．**指導計画（6時間）**

第1次（2時間）

　①日本の民謡の2つの様式について知り，ふしの特徴を聴き取る。

　②音楽の特徴を感じ取りながら日本の民謡を鑑賞する。

第2次（3時間）

　①三味線で「白浜音頭」を演奏する。

　②演奏グループ（歌・踊り・太鼓・三味線）に分かれて《白浜音頭》を練習する。

　③演奏グループ（歌・踊り・太鼓・三味線）に分かれて《白浜音頭》の表現を工夫する。

第3次（1時間）

　①民謡や和楽器のよさについて，地域外の人に向けて紹介文を書く。

6．**本時の学習指導（3／6時）**

（1）本時の目標

　三味線で《白浜音頭》を演奏することができる。

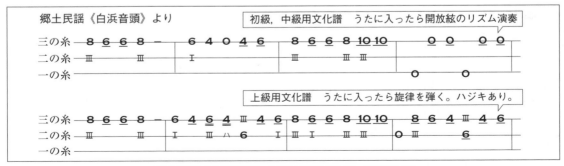

郷土民謡《白浜音頭》の三味線用文化譜（前奏部分）

（2）本時の展開

学習内容（○）と主な学習活動（・）	教師の働きかけ（●）と評価（★）
○学習の雰囲気を作る。 ・座礼によるあいさつをする。 ・ゲストティーチャーの模範演奏を聴く。	●座礼の仕方を確認する。 ●座礼により，和楽器演奏への心構えを作らせる。 ●模範演奏で三味線の音の響きを感じ，奏法の目標をもたせる。

┌──────────────────────────────────────┐
三味線で郷土民謡《白浜音頭》を演奏しよう
└──────────────────────────────────────┘

○三味線を正しく構え，撥を糸にあてる。 ・指掛けの掛け方，撥の持ち方，楽器の構え方を確認する。 ・撥を三本の糸にあてる練習を十分に行う。 ・開放絃による演奏で全員の音を合わせる。	●ゲストティーチャーから三味線の構えと奏法について指導していただく。 ●演奏が難しい生徒には糸の番号を指示したり，演奏箇所を教えたりして支援する。 ★三味線演奏に積極的に取り組もうとしている。（活動観察）

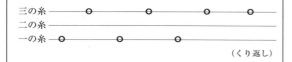

（くり返し）

○《白浜音頭》を演奏できるようにする。 ・歌の部分は，個の技能(初中級，上級)に応じた弾き方で演奏する。	●演奏できるところを増やしていくよう，支援する。（教員が初中級，ゲストティーチャーが上級グループについて個別指導をする） ●随時，奏法の難しさにもふれ，撥のあて方や左手の糸の押さえ方を個別に助言する。

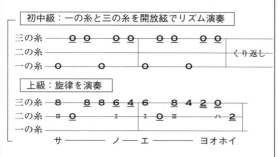

○全員で三味線による《白浜音頭》を合奏する。	●合奏はだんだん速くなるので，締太鼓でテンポを取り，拍をそろえやすくする。 ★旋律やリズムの特徴を生かして表現することができたか。（演奏観察）
○学習のまとめをする。 ○次時から行う演奏グループによる練習に向け，目標を考えワークシートに記入する。	●本時の学習で難しかったところや，わかったことをまとめさせるとともに，良かった点をほめ，次時の学習意欲につなげる。

（伊丹裕子）

6 実践事例

民謡の声の学習指導　小学校

1．題材名「静岡の民謡を伝えよう」（小学校第6学年）

2．育てたい音楽科の資質・能力

【技能】　　　・声の出し方，コブシ，囃子言葉という民謡のもつ特徴を生かして唄う。

【思考力・判断力・表現力等】

・可視化されたコブシについて感じたことを，どのように表現するのかについて思いや意図をもつ。

・声の出し方，コブシ，囃子言葉の入れ方について考えたことを伝え合い，唄い方を工夫する。

【学びに向かう力・人間性等】

・範唱の唄い方から，声の出し方，コブシ，囃子言葉を聴き取り，興味をもって唄おうとする。

・唄の生まれた背景への関心をもち、進んで唄おうとする。

3．育てたい汎用的資質・能力

①基礎力　　・主体的に対象と関わる力

　　　　　　・よりよいものを目指そうとする力

②思考力　　・物事を多面的・多角的に捉える力

　　　　　　・情報を収集する力，情報を活用する力

③実践力　　・協働的に学ぶ力

　　　　　　・知識・技能を活用する力

4．教材《安倍川粘土搗き唄》

　この教材は，大正3年の安倍川大洪水に苦しめられた人たちが，田畑を守り，安らかな暮らしへの悲願を込めた築堤の作業唄である。炎天の下，あるいは肌をさす寒風にもめげず，粘土棒を振りかざして堤防をつき固める単調で苦しい作業に励んだ人たちの心意気が唄われている。節まわしや掛け声も素朴で，躍動的な明るい調子である。

　子どもは，音色と旋律の表現を工夫していきながら，仕事唄としての雰囲気を感じていく。さらに，動きを入れながら体を動かす活動を通して民謡を理解していき，唄に込められた思いや願いを主体的に表現につなげることができる子どもの姿を目指したい。

5．指導計画（5時間）

①写真を見たり，範唱を聴いて歌詞を聴き取ったりして《安倍川粘土搗き唄》について知り，興味をもって唄う。

②唄い方と粘土搗き唄の仕事との関わりを感じ取り、図形楽譜を見ながら民謡独特の唄い方を工夫する。

③可視化した自分の声を見たり，友達の声を聴いたりしながら民謡独特の唄い方を工夫する。

④班で工夫したことを生かし，動きを入れながら《安倍川粘土搗き唄》を唄う。

⑤動きを入れながら《安倍川粘土搗き唄》を伝え，この唄に込められた思いや願いを進んで表現する。

6．本時の学習指導（4／5時）

（1）本時の目標

　具体的になってきた声の響かせ方やコブシについてより工夫する活動を通して，民謡のもつ特徴を生かして表現する。

（2）本時の展開

学習内容（○）と主な学習活動（・）	教師の働きかけ（●）と評価（★）
民謡チャンピオンのような，仕事唄《安倍川粘土搗き唄》を唄おう。 ○声の出し方，コブシの入れ方や囃子言葉，粘土搗きの動きを工夫しながら，《安倍川粘土搗き唄》を唄う。 ・もう一度範唱を聴いて，可視化した声を見る。 どうやって声を響かせたらいいのかな。 ・4人グループに分かれて練習し，気付いたことを図形楽譜に書き込む。 **音色** ・おなかに力を入れて響かせてみるとコブシと認識されたよ。 ・声を大きくするだけだと全然響かないよね。 **旋律** ・声を細かく揺らしてみたらいい。 ・地声でも低すぎるとコブシがなかなかつかないね。 ・声の響かせ方やコブシの入れ方がわかってきたら，動きも入れて練習する。 ・練習を通してわかったことや考えたことをグループ内で発表したり，学級内で発表したりする。 ○全員で生伴奏に合わせて唄う。 ・声を響かせるには口を大きく開けて力を入れることだね。いつもの唄い方とは少し違って難しいよ。 ・動作をつけてみると、仕事唄として唄われた時の様子が体感できた気がするよ。声にも力が入るね。	●範唱のコブシを可視化することで，目指す声の響きを全員が共有する場とする。 ●音頭出しと囃子言葉の役割を確認することで，どのように作業をしていたのか想起しながら，わかったことを伝えるようにする。 ●範唱の声を可視化した写真をグループに1枚用意し，常に目指すところがわかるようにしておく。 ●必要に応じて，iPadのアプリ「歌唱自動分析評価システム」を使い，自分の唄い方を確認させる。 ●粘土搗き棒と自分達が作った衣装を使って，雰囲気を感じて唄うよう助言する。動きと声の出し方を合わせ，単調な動きの中にある明るい調子を味わえるようにする。 ●より民謡らしい雰囲気で唄うことができるよう，ゲストティーチャーを紹介し，伴奏をしてもらう。 ★声の出し方，コブシ，囃子言葉の入れ方について考えたことを伝え合い，唄い方を工夫している。 ●《安倍川粘土搗き唄》で学んだ声の出し方，コブシ，囃子言葉についてわかったことや，動きや伴奏をつけて唄ってみて感じたことを，ワークシートに記入することで振り返る。

（小野彰子）

日本音楽を学校でどう教えるか

第IV章

祭り囃子・和太鼓

1

祭り囃子・和太鼓の学習内容

（1）太鼓の音楽

　日本各地に残る祭りや民俗芸能の中で，踊りの伴奏音楽，あるいは山車を引く人々を鼓舞するようなお囃子の音楽に用いられる楽器の代表が，太鼓（和太鼓）である。全身で打ち込む日本の太鼓は，その一打が空気を振動させ，聴く人の腹にズシンと響く。あるいは，風にのって遠くまで聞こえる締め太鼓や鉦，笛の音には，軽やかさがある。

　誰でも打てば簡単に音が出る太鼓だが，いい音を追究しようとすれば奥が深い。鼓面から直接，音が跳ね返ってくる楽しさや，ずっと繰り返されるリズムによって高揚してくる感じなど，太鼓音楽の楽しさをぜひ子どもたちに味わわせたい。

（2）祭り囃子で使われる楽器

①　大太鼓

　大太鼓は長胴太鼓ともいう。革を胴に鋲で打って張った鋲打ち太鼓で，一般に胴はケヤキや楠など堅い巨木をくり抜いたものを用い，それに厚めの牛革を張る。

　大太鼓の置き方は，鼓面が地面と水平になる据え置き型，鼓面が地面と垂直になるやぐら型など，様々あるが，据え置き型が腕の振りおろしが最も自然で，初心者でも打ちやすい置き方である。やぐら型では，両方の鼓面を同時に使うことができ，二人で同時に打つことができるよさがある。

　太鼓のばちは，鉄棒を握る時のように親指を回して握る。据え置き型では，肩から腕全体を自然に振りおろす。身体は棒立ちにならないで，肩幅以上に両脚を開き，ひざを少し曲げてバネのように使う。身体の重心を低くした姿勢の方

が打ちやすい。向こう側の革に音が突き抜けるようなイメージをもって打つ。革の真ん中あたり，端の方など，色々な場所を打って色々な音を見つけよう。

②　締太鼓

　締太鼓は大太鼓に対して，小太鼓ともいう。革を麻ひもなどの調べ緒で締め上げて張力を出すのが普通だが，最近ではボルト締めの締太鼓もある。ボルト締めは革の締め上げが簡単で便利だが，重量がかなりあるので落としたりしないように扱いに注意が必要である。

　締太鼓は，地打ちとして基本のリズムを繰り返す重要なはたらきがある。音色は，革の厚みと締め上げ方により，地域により様々だが，一般に高く鋭い音が特徴的である。

　例えば，千葉県の佐倉囃子等で用いられる《仁羽》では，以下の締太鼓の基本リズムを何度も繰り返す。8拍が1フレーズとなっている。

	8	1	2	3	4	5	6	7
締	テケ	テン	ツク	テテ	スケ	テン	ツク	ツ

　太鼓は自分の利き腕から打ち始める。右利きの場合，右手左手を示すと，以下のようになる。

《仁羽》の締太鼓のリズム

③　当り鉦

　単に鉦またはスリ鉦ともいう。京都の祇園囃子ではコンチキ，江戸囃子では四助など様々な呼び名がある。遠くまでよく響く鉦の音は，祭り囃子に欠かせない。鉦は真鍮でできており，ばちは鹿の角製のものを用いる。江戸囃子では，くぼんだ方の面を打つ。やたらに強打せず，よい音の鳴るところを探してみよう。

（3）太鼓の音楽による活動例

①　導入の活動

1）太鼓の音を探求する

　楽器に親しむために，太鼓から色々な音を出してみる。革の真ん中，端の方，色々な場所を打ってみる。腕をどのくらい振り下ろすとどんな音が出るか，思い切り小さい音，革面の振動を止めた音等，様々に試してみよう。太鼓のふち打ちは，強く打ちすぎると楽器を痛めるので，軽く当てる程度にする。全身の感覚を研ぎ澄まし，革面の跳ね返りや空気の振動，様々な音色を味わおう。

2）知っている曲のリズムを打つ

　例えば《どんぐりころころ》では，以下のようになる。右手左手の交代を意識するようにする。

3）唱歌^{しょうが}を活用する

　太鼓の唱歌は，地域により様々だが，おおよそ次のようになる。強い音は「ドン」「ドコ」，中くらいの音は「トン」「トコ」，弱い音は「ツクツク」，ふち打ちは「カラ」「カカ」等で，音が無い部分は「ス」となる。
　色々なリズムと唱歌の例を，以下に示す。

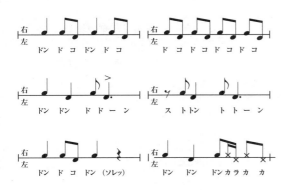

4）お囃子合戦

　2チームにわかれ，一人ずつ太鼓のリズムを交替で打っていく。一人は8拍のリズムを即興で考えて打つ。8拍目に「ソレッ」と全員で掛け声をかけ，相手チームにターンを渡す。ゆっくりの速さでよいが，一定の拍の流れにのって即興を続けることが大切である。

②　祭り囃子の音楽のしくみを生かして

　祭り囃子は，締太鼓の地打ちのリズムにのって，大太鼓が即興的なリズムを加え，当り鉦が合いの手を入れることで生まれる和のアンサンブルのよさがあり，音・音色の重なりの妙を味わえる。《仁羽^{にんば}》の音楽のしくみを生かして，例えば以下のような活動が考えられる。

1）締太鼓のリズム（34頁参照）を唱歌で覚える。8拍を何回も繰り返してリズムを打つ。最初の「テケ」は弱起（アウフタクト）のようにとらえ，「テン」から1拍目ととらえる。

2）締太鼓のリズムにのせて，大太鼓のリズムを重ねる。大太鼓の唱歌は，「ドン」「ドドン」「ドコドコ」など。8拍の中に即興的に大太鼓のリズムを入れてみよう。

	8	1	2	3	4	5	6	7
締	テケ	テン	ツク	テテ	スケ	テン	ツク	ツ
太			ドン		ドン		ドコ	ドン

3）さらに当り鉦のリズムを重ねる。鉦の唱歌は，「チャン」「チキ」「チン」などである。

	8	1	2	3	4	5	6	7
鉦							チキ	チン

（4）太鼓の音楽の指導のポイント

　太鼓の音楽は，身体全体を使って太鼓という楽器に親しみ，いかによい音を出すか，また様々な音色を打って楽しむことから始まる。唱歌を活用すると，リズムも把握しやすく，音色への意識も高まる。祭り囃子の音楽のしくみを生かして，音の重なりを感じ取らせたり，リズムの繰り返しのよさに気付かせる等させたい。自分たちの住む地域の祭りの太鼓音楽を教材研究して，ぜひ取り入れたい。

（本多佐保美）

2 実践事例
音楽づくりを取り入れた祭り囃子の学習

1. 題材名 「つないで重ねてお囃子をつくろう」（小学校第3学年）

2. 育てたい音楽科の資質・能力

【技能】
　　　・出したい音色に応じた演奏の仕方を身に付ける。
　　　・互いの楽器の音を聴きながら合わせて演奏する。

【思考力・判断力・表現力等】
　　　・「これをやってみたい」「これはどうしたらいいんだろう」と自分の表現したい音を
　　　　試行錯誤しながら見出している。
　　　・音のつなげ方を工夫して，まとまりを意識した音楽表現を考えている。

【学びに向かう力・人間性等】
　　　・自分達の音楽表現に対し，課題を見つけながら粘り強く取り組む。
　　　・思いや意図を交流しながら，協働的に学んでいる。

3. 育てたい汎用的資質・能力
　・主体的に音楽に関わろうとする。
　・これまでの知識・技能を活用する。
　・自国の伝統音楽のよさや面白さを感じ取る。
　・他者と共に新しいものを生み出しながら，これまでの見方・考え方を広げたり，深めたりする。

4. 教材
　①登戸囃子　等

5. 指導計画 （6時間）
第1次 （2時間）
　①　お囃子の音楽の特徴を感じ取り
　　　ながら範奏を聴く。
　②　お囃子の基本のリズムを知り，
　　　太鼓を演奏する。

第2次 （4時間）
　①　マイ旋律をつくる。
　②　つくった旋律をつないでお囃子
　　　づくりをする。
　③　つくったお囃子を発表する。

〈児童が使用したワークシート〉

つないで・重ねて・附小ばやし　　3年　　組　　班

グループのメンバー	1	2
3	4	5

わたしたちは

（こんな）例えば　　にぎやかな　みんなが踊り出しそうな 明るい気分になるような　　等

おはやしをつくりたい !!

☆マイせんりつをつないでおはやしのせんりつをつくろう

①	②	③	④	⑤	⑥	⑦	⑧

付箋を縦に貼る

はじめ　　　　　　　　　　　　　　　　　　　　　　　おわり

6．本時の学習指導（4／6時）

（1）本時の目標

　　○旋律の組み合わせ方を何度も試し，自分の考えや意図をもってお囃子をつくることができる

（2）本時の展開

学習内容（○）と主な学習活動（・）	教師の働きかけ（●）と評価（★）
○ウォーミングアップをする。 ・マイ旋律を友達とつなげる。	●リズム伴奏に合わせて，友達と自由に二人組をつくり，旋律をつなげさせる。
○つくりたいお囃子のイメージをもつ。 ・《登戸囃子》を視聴する。 ・自分たちがどんなお囃子をつくりたいのか話し合う。 C：踊りたくなるようなお囃子をつくりたいな。 ○本時の学習の内容を確認し，めあてをつかむ。	●お囃子の映像を視聴させ，お囃子の音楽を想起させる。 ●自分たちがどんなお囃子をつくりたいのか確認させ，学習の見通しをもたせる。
マイ旋律をつなげておはやしをつくろう	
○旋律をつなげて「お囃子」をつくる。 ・グループごとに各自がつくった旋律を聴き合う。 C：○さんの旋律は続く感じがするね。	●旋律の組み合わせを何度も試せるように，ワークシートと付箋を用意する。 ●旋律をつなげる条件を示す。 条件1：一人2回旋律を使ってもよい。 条件2：旋律を組み合わせる上で，必要であれば旋律をつくり変えてもよい。
・旋律の特徴から，どのような順番でつなげたら自分たちが考えたお囃子になるのか試す。 C：最後はもっと盛り上がるように終わらせたいから高い音が合うと思う。 C：途中がつながらない感じがするから，旋律を変えてもいいかな。	●各自の旋律が，どのような感じ（続く，終わる）がするか話し合わせる。 ●活動が停滞しているグループには，組み合わせ方を助言する。
・旋律がつながったら，締め太鼓のリズム伴奏と合わせる。 締太鼓のリズム 「テケ天ックテレック天ックッ」	★リズムや旋律を聴き取り，それらの働きが生み出すよさや面白さなどを感じ取りながら，音の組み合わせを工夫し，どのような音楽をつくるか自分の考えや意図をもっている。 ＜②思考力＞（演奏中の様子観察）
C：太鼓の音をよく聴かないとずれちゃうね。	●お囃子ができたグループの演奏を聴き，気付いたことを発表させる。
○つくった「お囃子」を紹介する。 ・演奏を聴いて，気付いたことを発表する。 C：踊りたくなってしまう感じのお囃子だね。 C：終わり方を変えてもいいんじゃないかな。	

（清水麻希子）

3 実践事例
音楽づくりを取り入れた和太鼓の学習

1．題材名「和太鼓で曲をつくろう」

2．育てたい音楽科の資質・能力
【知識】　　　・曲想と音楽の構造などとの関わりに気付く。
【技能】　　　・表したい音楽表現をするために必要な器楽，音楽づくりの技能を身に付ける。
【思考力・判断力・表現力等】
　　　　　　　・表現に対する思いや意図をもつ。
【学びに向かう力・人間性等】
　　　　　　　・音や音楽及び言葉によるコミュニケーションを図りながら，進んで友達と音楽表
　　　　　　　　現をしたり，音楽表現を味わって聴いたりする。

3．育てたい汎用的資質・能力
　　・友達と関わりながら，主体的に音楽をつくったり，演奏したりする。
　　・自分の思いや意図を伝えたり，友達の考えのよさを取り入れたりしながら，思考力・判断力・
　　　表現力を深め，広げていく。

4．教材
　　①「関八州和太鼓」

5．指導計画（4時間）
第1次（1時間）
　　①「関八州和太鼓」の演奏を鑑賞し，曲想及びその変化と，音楽の構造との関わりについて気付く。

第2次（3時間）
　　○もとになるリズムパターンを口唱歌しながら，リズム打ちできるようにしておく。　（常時活動）
　　①グループで決めたリズムパターンで，反復（一人の後全員で），呼びかけとこたえ，だんだん増える，
　　　だんだん減るなどのつなげ方や重ね方を工夫して試し，それらが生み出すよさや面白さに気付く。
　　②どんな感じの曲にしたいか話し合い，思いや意図をもってまとまりを意識した音楽をつくる。
　　　（本時）
　　③表したい感じになるように，強弱，速さ，音色などの違いによる表現方法を工夫する。

6．本時の学習指導（3／4時）
(1) 本時の目標
　　○どんな感じの曲にしたいかをもとにして，まとまりを意識した音楽をつくるために，思いや意図
　　　をもつことができる。　　　　　　　　　　　　　　　　　　　　【思考力・判断力・表現力】

(2) 本時の展開

学習内容（○）と主な学習活動（・）	教師の働きかけ（●）と評価（★）
○リズムパターンを口唱歌しながら，リズム打ちする。	●口唱歌とリズム打ちが合うように声をかける。
○グループごとにどんな感じの曲をつくりたいか話し合う。 ・児童がイメージしやすい場面，例えば，日常生活や学校行事などの簡単なストーリーをつくる。	●時間内で曲がつくれるよう，場面は多くても3つまでがよいことと，ストーリーに変化があった方が曲も変化を表しやすいということを伝え，見通しをもたせる。
○どんな感じの音楽にしたいか思いをもち，まとまりを意識した音楽をつくる。 ・表したい感じになるように，リズムパターンからどのリズムを使うか選択する。 ・簡単なストーリーから，それぞれの場面をどんな感じにしたいか考え，そのためには反復，呼びかけとこたえ，どんどん増える，どんどん減るなどの重ね方やつなぎ方をどうすればよいか話し合う。 ・グループの友達に思いや意図を伝え合うことと実際に音で試すことを繰り返しながら，表現を工夫する。	●前時に，グループごとに試した反復，呼びかけとこたえ，だんだん増える，だんだん減るなどのつなげ方や重ね方が生み出すよさや面白さをふり返り，音楽づくりの発想を得る。そして，ワークシートにつなぎ方や重ね方をどうするか書くように伝える。 ●児童の表現のよさや面白さを価値付け，思いや意図を膨らませるように促す。 ★どんな感じの曲にしたいかをもとに，まとまりを意識した音楽をつくるために，思いや意図をもつことができたか。
○友達の表現のよさや面白さを見つける。 ・まとまりを意識した音楽をつくっているグループの演奏を聴き，よさや面白さを伝え合う。	●児童がつくった音楽を互いに聴き合いながら，表現のよさを認め合い，思いや意図を明確にする大切さを全体で共有できるようにする。 ●友達の表現のよさを自分たちの表現のよさに生かすことが大切であることを伝える。
○本時を振り返る。 ・自分たちのグループのできるようになったこと，気付いたことや友達の表現のよかったところ，自分たちも取り入れたいと思ったことなどを振り返りカードに書く。	●自分や友達のよさに気付くことができた児童の感想を全体で共有する。 ●次時に友達の表現のよさを取り入れ，表したい感じになるように，強弱，速さ，音色などの違いによる表現方法を工夫することを伝え，見通しをもたせる。

（藤川由美子）

4 実践事例
祭りの文脈を重視して，鑑賞と表現を関連させた和太鼓の指導

1．題材名「和太鼓に親しもう」（小学校第5学年）

2．育てたい音楽科の資質・能力

【技能】　・互いに呼吸を合わせ，口唱歌のリズムにのって和太鼓を演奏する。

【知識】　・祭りの中の太鼓が神輿の担ぎ手を鼓舞し，祭り全体を盛り上げることに関わっていることを理解する。

【学びに向かう力・人間性等】

・和太鼓の音色や音の響きに親しみ，他者と呼吸や気持ちを合わせて演奏する学習に主体的に取り組もうとする。

3．育てたい汎用的資質・能力

・主体的に音楽に関わる。

・自国の音楽文化のよさを多様な観点から知る。

4．教材

①《三宅島の太鼓》（東京都三宅島神着地区の「木遣太鼓」をもととする）

「木遣太鼓」とは，東京都三宅島神着地区で7月に行われる「牛頭天王祭」の御輿巡行での先導役，また御輿の担ぎ手達を鼓舞する役割を担う太鼓である。木遣りは，木材を切り出す時や廻船の海浜への上げ下ろしのときに歌われた労働歌が起こりといわれる。木遣りと太鼓を合わせて「木遣太鼓」と称され，牛頭天王祭は，御輿，太鼓，木遣り（榊持ち）が三位一体となって執行される。

太鼓の種類には人々を集合させるための「集まり太鼓（寄せ太鼓）」，神輿が地区内を巡行する時に行う「神楽太鼓」，所定の場所で打たれる「打ち込み太鼓」等があり，これらの打ち方と木遣りを総称して「木遣太鼓」と呼ばれる。

本題材では，「打ち込み太鼓」のリズムを用いる。打ち手が，足を広げ，腰を落とし，低い体制をとりながら体を左右に体重移動させて，太鼓を両面で横から打ち込む。一定のリズムを刻む下打ちと，それにのって打ち込まれる上打ちは祭り全体を盛り上げ，榊持ちや神輿の担ぎ手を鼓舞するようなズシッと響き渡る太鼓の音を鳴らす。

5．指導計画（4時間）

①和太鼓の基本的な奏法を学び，簡単なフレーズを演奏して和太鼓の雰囲気や音の響きを感じ取る。

②《三宅島の太鼓》の口唱歌や奏法を知り，グループごとに練習する。

③《三宅島の太鼓》の交代の仕方やタイミングを知り，途切れさせないようにフレーズをつないで演奏する。

④グループごとに発表をする。

「三宅島郷土芸能保存会」が太鼓を打っている様子や牛頭天王祭の映像を視聴し，郷土に伝わる芸能のよさを味わう。

６．本時の学習指導の展開（4／4時）

(1) 本時の目標

・《三宅島の太鼓》の音楽の特徴を感じ取り，太鼓の音をつなぎながら演奏する表現を工夫する。

(2) 本時の展開

学習内容（○）と主な学習活動（・）	教師の働きかけ（●）と評価（★）
○口唱歌を用いながら，三宅島の太鼓のフレーズや奏法に親しむ。	
・《三宅島の太鼓》の口唱歌や打ち方を確認する。 ・膝打ちをして左右の手の動かし方を練習する。 ・グループごとに太鼓につき，打ち込み方や交代のタイミングを練習する。	●口唱歌を言いながら打ち方を確認するように助言する。 ●前時に学習した交代のタイミングを確認し，途切れないように打ち込ませる。 ●口唱歌にのってリズムを合わせ，体に響くよい音を出すことを目指すようにする。
○三宅島の祭り（牛頭天王祭）の映像を視聴し，祭りの担い手の思いを考え，自分たちの演奏に生かす。	
・祭りの映像を視聴し，交代しながら音をつなげる様子から，太鼓の役割を知ったり，祭りの担い手や太鼓を打っている人々の思いを考えたりする。	●祭りの間，常に太鼓を打っている場面を視聴させ，その役割や人々の思いを考えさせる。
・神輿の担ぎ手たちを鼓舞する太鼓であること。 ・相手を励まし，応援する気持ち，元気づける気持ちを太鼓の音にのせて，交代しながらつないでいくこと。 ・太鼓が途中で途切れないように，呼吸を合わせて交代していくこと。	★《三宅島の太鼓》の音楽の特徴を感じ取りながら，太鼓の音をつなぎながら演奏する表現を工夫し，どのように演奏するかについて自分の考えや願い，意図をもっている。 【音楽表現の創意工夫】（活動観察，演奏聴取）
・交代して打ち込む練習をする。	●交代の時のポイントを確認する。 ①打ち終わったらすぐに抜けること。 ②次の人は準備をし，交代のタイミングでしっかりと音を出せるように入ってくること。 ③交代の時もしっかりと音を出すこと。
・再度通して打ち込む練習をする。	

（谷口佳史）

第 V 章

箏曲（箏）

1

箏曲（箏）の学習内容

（1）箏曲（箏）の指導の意義と特徴

① 箏曲とは

一般に「箏曲」とは，江戸時代初期に八橋検校（1614-1685）が創始した弦楽器「箏」を主奏楽器とする音楽である。この項では「俗箏」と呼ばれる「近世箏曲」について論を進め，音楽としては「箏曲」，楽器としては「箏」とする。

箏曲は発展の中で様々な「流」や「派」が発生し今日に至っている。代表的な「流」として「生田流」と「山田流」が挙げられる。それぞれの中に多くの「派」が存在しており，同じ曲であっても旋律や演奏表現が微妙に異なる。

現代作品では器楽性を重視した作品が多く作られているが，古典作品では歌がついているものがほとんどであり，弾き歌いをするのが一般的である。

授業で取り扱う場合には，楽曲の選定に児童生徒の興味関心だけを考えるのではなく，古典作品に触れることで「伝統音楽を継承する」という視点も同時に持ちたい。

② 箏とは

箏は，桐の木を舟形にくり抜いて板を張った箱状の「甲」に13本の弦を張り，「柱」と呼ぶ可動ブリッジを甲と弦の間に置きそれを調整することで音高を決める弦楽器である。生田流に用いられる箏はかつて楽箏に近い形であったが現在はほぼ全ての「流」で江戸時代後期に箏師・重元房吉（生没年不詳）によって山田流箏曲のために改良された通称「山田箏」・「六尺箏」が用いられている。また近年では，教育用に考案されたペグ式や小型の箏も発売されている。どちらを用いるかは指導する内容を考慮し，学習目標や学習活動に見合う楽器を選びたい。

演奏にあたっては，「流」により構え方，爪の形が異なる他，求められる音色に差があること

から，学習にあたっては「音色」に着目したい。そのためにはふさわしい座り方，構え方という「姿勢」を考えるようにしたい。つまり，演奏の姿勢が音色に直結しているといえる。

③ 箏曲で用いられる楽器

箏曲では箏の他に三味線，尺八，胡弓が用いられる。特に最古の曲種である「箏組歌」を除いては独奏様式による演奏以外にこれらの楽器での合奏が行われ，それを「三曲合奏」と呼ぶ。今日では箏，三味線，尺八による合奏が一般的となったが，古い形式は尺八ではなく胡弓を合わせる。三味線は種類が多い楽器であるが，生田流箏曲には「地歌三味線」，山田流箏曲では「山田流三味線」が用いられ，撥と駒，糸の太さなどに差がある。胡弓は三味線を小型化した形で3弦のものが一般的である。

④ 箏曲（箏）の指導の意義と実際

1）器楽指導としての「箏」

音楽科で箏曲（箏）の指導を行う場合，導入として「箏」という楽器に触れて音に親しみ，《姫松》や《さくらさくら》など平易な曲の演奏ができるという学習目標を立てることが考えられる。次に発展的な学習として，箏の音楽の構造を理解するために「掻き爪」や「割り爪」などの代表的な「奏法」や「コロリン」「トテトテ」などの「定型旋律」を学び，箏曲《六段の調》の一節を演奏することで最古の箏曲作品に触れることで伝統音楽を継承する経験をさせたい。

2）音色に着目して演奏する

箏は弦を爪で弾くだけの単純な発音構造であることから，初学者であっても演奏がしやすい楽器である。加えて自分がイメージする音が出しやすい楽器でもあることから，初学者には比較的達成感が得られやすく演奏に興味を持ちやすい。しかし，「良い音色」，「ふさわしい音色」で演奏するとなると案外と難しいものである。

そこで，まずは座り方，構え方，爪の当て方，爪の力の入れ具合，向う指（親指以外の指をいう）の置く位置に注意しながら演奏をすることを最初に指導する。「なんとなく」音を出すのではなく，先生の範奏やお手本となる映像等を繰り返し聴き，その音のイメージに近づけるためにはどうするかということを考える活動が大切となる。簡単に音が出せる楽器であるからこそ音色にこだわりをもって演奏することを心がけたい。

3）創作指導としての「箏」

箏を用いた創作指導は様々な活動が考えられる。その一つとして，器楽指導で学習した知識・技能を基に《さくらさくら》の前奏を創作する活動が考えられる。自由に創作するのではなく，旋律創作の中に必ず「奏法」や「定型旋律」をいれることを約束に入れる。課題として，

> ①桜の咲く情景を決めよう
> ②イメージに似合う奏法や定型旋律を選ぼう
> ③②を使って４小節の前奏を作ろう
> ④弦名と唱歌と使った奏法を家庭譜に記譜しよう
> ⑤演奏発表し，発表で使われていた奏法を書こう

という活動を行うことで箏の「奏法」や「定型旋律」をさらに深く理解し，弾く場所や力の入れ方，爪の当て方によって様々な音色で演奏表現ができる事を気付かせられるのではないだろうか。自らの演奏をなんとなく行うのではなく，音色や奏法を知覚し「良い音色」や「ふさわしい音色」や「正しい弾き方」を感受することが大切である。

4）鑑賞指導としての「箏曲」

表現活動で培われた知識・技能を基に鑑賞指導を行う。箏曲の鑑賞指導は，小学校では新日本音楽《春の海》（宮城道雄作曲・箏と尺八二重奏），中学校では箏曲《六段の調》が教科書に掲載されている。

《春の海》は作曲者が瀬戸内海を船で旅したときの印象を，箏と尺八の二重奏にまとめた演奏時間7分ほどの「標題音楽」である。作曲は昭和４年12月で翌年の宮中の歌御会始（うたごかいはじめ）の勅題（ちょくだい）であった「海辺巌（かいへんのいわお）」に因んで作曲された。従来の箏曲にはない「Ａ－Ｂ－Ａ′」の三部形式によって作曲されており，陰旋と陽旋が混在した伝統邦楽の要素と西洋音楽の要素がうまく融合された作品であり，箏と尺八という二つの楽器の音色に親しむことができる教材である。学習目標として，

> ・箏の音楽に親しむ
> ・箏と尺八の音色に親しむ
> ・箏と尺八の構造や歴史について知る
> ・箏と尺八の演奏法を知る

などが考えられる。また，表現活動を組み合わせて《さくらさくら》などの平易な曲の演奏体験をすることで音色や演奏法を具体的に捉えることも考えられる。

《六段の調》は箏曲の中では「段物（調べ物）」に分類される。「段物」は箏曲だけでなく，声の音楽が多い日本音楽にあって数少ない純粋な器楽曲であり他には５曲のみである。なお，「段」とは，楽曲の構成単位であり，段ものは一曲がいくつかの段から構成されている。初段のいくつかの旋律のまとまり（＝フシ）が主題となってだんだんに「発展・変化」しながら曲が展開される。同型の旋律が繰り返されその展開の巧みさが面白く，聴きどころとして序破急のテンポ，奏法，音色（噪音や余韻の処理・協和音と不協和音），「コロリン」など定型旋律などに着目して鑑賞したい。学習目標として，

> ・箏の音色や余韻の変化を味わう
> ・テンポの変化を序破急と関係つけて味わえる
> ・箏の奏法を知覚して鑑賞することができる
> ・「コロリン」など定型旋律を聴き取ることができる

などが考えられる。また，表現活動を組み合わせて《六段の調》初段や四段の冒頭部分の演奏体験をすることで音色や演奏法を具体的に捉えることも考えられる。

5）小中学校音楽科における表現と鑑賞活動の往還

箏曲に限らず我が国の伝統音楽の鑑賞指導は

難しいと捉えられがちである。それは西洋音楽基盤の音楽科での学びをそのまま当てはめて理解しようとするからである。平成29年告示の中学校音楽学習指導要領には器楽として「3学年間を通じて1種類以上の和楽器を取り扱い，その表現活動を通して，生徒が我が国や郷土の伝統音楽のよさを味わい，愛着をもつことができるよう工夫すること。」と明記された。また，同解説編には「なお，和楽器を器楽表現の指導に用いることはもちろんであるが，歌唱や創作，鑑賞との関連も図りながら，実際に和楽器に触れ，体験することで，我が国や郷土の伝統音楽についての学習を深めることが期待できる（中略）生徒が我が国や郷土の伝統音楽のよさなどを味わい，愛着をもち，我が国の音楽文化を尊重する態度を養うことが，和楽器を用いる本来の意義であり，そのために一層の指導の工夫が求められる。」と解説されているように，箏曲および箏を用いた題材構想の中で表現活動と鑑賞活動を組み合わせることで，「我が国や郷土の伝統音楽のよさを味わい，愛着をもつことができるよう」な児童生徒を育てていくことを目指したい。

（2）箏曲（箏）における口唱歌

今期学習指導要領で示された「口唱歌」は，単に「唱歌」ともいい，伝統音楽の学習で古来より行われてきた学習法である。「楽器の音を声に置き換えて歌う」ことで，伝統音楽の楽器の学習に補助的に用いられてきた。種目によっては楽器を持つ前にまず唱歌を歌い，曲のニュアンスを学んでから楽器で演奏する種目もある。

近年では楽譜による学習が一般的となり，唱歌を使った学習は少なくなっている種目もあるが，楽譜のなかった時代は師の音を真似をしながら弟子は曲を覚え，唱歌はその記憶の補助の側面も持っていた。

口唱歌は最古の芸術音楽である雅楽に端を発しているが，雅楽や能楽や長唄をはじめとする指揮者を持たない伝統音楽が，指揮者がいなく

ても一体感や高揚感が得られているのは，唱歌を基盤としたこうした学び，つまり「息を揃える」ことがあるからといえよう。

箏曲や箏の唱歌は，①奏法，②旋律の感じ，③音色，④余韻の変化，⑤間，⑥指遣い（運指）の区別，⑦強弱などをあらわしている。唱歌は楽譜に表記しにくいこれらの内容を歌って伝えるために用いられてきた。

撥弦楽器である箏は音をレガートに演奏するのは難しいが，唱歌を学習や練習の際に歌うことで師の弾く旋律のまとまりや曲の運び方の感じを会得できるようになる。

唱歌を会得するには実際に稽古に通うのが近道ではあるが，次のICT教材が参考となる。

○**出版物**

① DVD付テキスト『唱歌で学ぶ日本音楽』日本音楽の教育と研究をつなぐ会編，音楽之友社，2019

② DVD付テキスト『ヤマハデジタル音楽教材 箏授業』監修長谷川慎，演奏吉永真奈，ヤマハ，2017

○**動画サイト**

① YouTube【箏を弾こう】「高校生の音楽」編・「MOUSA」編，指導・解説長谷川慎，教育芸術社，2018

（3）箏曲（箏）の学習で育てたい伝統音楽の感性と力

これまで述べてきたように，箏を学習する際に一過性の楽しい楽器体験だけで終わるのではなく，表現と鑑賞の往還による箏曲の良さやその他の伝統音楽の良さを感じ取ることができるような題材構想を心がけたい。

そこで箏曲や箏の学習で育てたい資質と能力について次の点を挙げておく。

① 音高だけではなく音色でも音楽を聴き分ける感性

箏は「ドレミ」のように音の高さだけでなく，奏法や弾き方により同じ音高であっても様々な

音色を出すことができる楽器であり，この特徴は三味線や尺八などの和楽器にも共通する特徴と言えることから，音色としても音楽を聴き分ける感性を育てたい。

② 伝統音楽の特徴的な「噪音的」を感じ取れる感性

吉川英史（1948）によれば我が国の伝統音楽には，「噪音」があり，かつての日本人には「噪音愛好性」がみられたという。箏の奏法には「スクイ爪」「輪連」「裏連」など，楽音以外の音を有効に使ったものが多くあり，これらは日本人の「噪音愛好性」の理解につながるであろう。三味線における「サワリ」や尺八における「ムラ息」，能管における「ヒシギ」も「噪音」奏法である。

③ 音と音の間にある「間」を感じ取ることができる感性

いうまでもなく，伝統音楽には「間」が大切にされている。「拍の流れにのる」ことを価値基準としてはかると，テンポが伸びたり縮んだりする多くの伝統音楽は外れてしまうが，箏の演奏を通じて「間」を感じ取ることができるようになることは，伝統音楽の良さを感じることにつながる。

④ 多くの奏法があることから奏法と実際の音を結びつけ音楽を理解する力

箏には多くの奏法があり，演奏聴取の際にどのように演奏されているかを聴くことも良さを味わうことにつながっている。器楽として奏法を学び，鑑賞で聴き分けて音楽を楽しむ手がかりとすることができる。

⑤ 他の種目や和楽器への興味，関心，理解のために口唱歌で曲を歌うことができる力

箏の学習で口唱歌に親しむことは，箏曲の良さを感じ味わうことにつながるだけでなく，三味線や尺八，鼓などの和楽器への興味の扉を開き，さらには音楽の理解へとつながる。

⑥ 平易な曲を箏曲の様式感を持って演奏することができる力

難しいと思われがちな伝統音楽や和楽器であるが，まずはその他楽器の学習同様，平易な曲を演奏ができるところから学習は始まる。演奏ができるようになったら次のステップとしてその音楽の持つ「様式感」を伴った演奏を目指したい。箏曲であれば，初めはゆっくりと始まり，だんだんとテンポが速くなり最後でゆっくりになり終わるという古典の演奏様式がある。

（4）おわりに

以上箏曲と箏の学習について述べてきた。音楽科において箏曲や箏の学習を通して知識を得ることは，すなわち他者に日本音楽について説明することができる知識を持つことにつながる。現代社会で薄れゆく，礼儀や作法を重んじる態度，正座をはじめとした物事に取り組む際の姿勢や構え方を重んじる態度，楽器を「お道具」と呼び慈しみ大切にする態度は我が国の伝統文化といって良いであろう。

箏曲や箏の学習を通して，楽器の演奏ができるようになり，さらには伝統音楽の良さを味わうことができるようになる題材構想を考えていきたい。

（長谷川慎）

要参考文献および引用文献

日本音楽の教育と研究をつなぐ会編（2019）『唱歌で学ぶ日本音楽』音楽之友社.

長谷川慎監修（2017）『ヤマハデジタル音楽教材 箏授業』ヤマハ.

長谷川慎（2012）「『箏』を用いた授業の評価を考える－中学校2校の実践比較を通して」『音楽教育実践ジャーナル』10(1)，日本音楽教育学会.

長谷川慎（2007）「邦楽コンサートの実際－邦楽鑑賞教室を通じて子どもに和楽器の何を伝えるか－」『音楽教育研究ジャーナル』第28号，東京藝術大学.

吉川英史（1948）『日本音楽の性格』わんや書店.

2 実践事例

箏の授業実践

1．題材名「環境や生活の中で生まれた音や音楽が果たしている役割とは」（中学校第１学年）

〜弾きやすくて，聴きやすい，自分のイメージする "さくらさくら" の前奏を作曲しよう〜

2．育てたい音楽科の資質・能力

【思考力・判断力・表現力等】

　　　　　　・自己のイメージを表す旋律になるよう，箏の音色や曲の構成，音のつながり方を
　　　　　　工夫し創作することができる。

【学びに向かう力・人間性等】

　　　　　　・他者との交流を通して，自己のイメージを表す旋律にしようとする。

3．育てたい汎用的資質・能力

【知識】　　・教科観・教科学習観・学習観，思想・見識，世界観と自己像。

　　　　　　・分野・領域固有の見方・考え方，教科固有の見方・考え方。

【スキル】　・問題の解決策を考案する。

　　　　　　・意思決定する。

　　　　　　・仮説を立て証明・実験・調査をする。

　　　　　　・新たな知識やものを創り出す。

　　　　　　・美的表現を追求する。

　　　　　　・状況に応じて動く。

　　　　　　・プロジェクトの実行に向けてコミュニケーションしたり協働したりする。

　　　　　　・学び合ったり知識を共同構築したりする。

【情意】　　・学習内容の社会的意義や有用性に即して学習しようとする。

　　　　　　・学習の自己評価と自己調整を習慣化する。

4．教材

　①箏曲《さくらさくら》　等

5．指導計画（8時間）

第1次（8時間）

　①日本の伝統的な楽曲や俳句を鑑賞したり，歌唱したりして，音の響かせ方や音色の違いから日本
　　人が愛でてきた音の特徴を考察し，日本人の大切にしてきたものとは何か見いだす。（3）

　②タブレットを活用して姿勢や糸への爪のあて方などを練習し，基本的な奏法を用いて箏の特徴を
　　捉えながら演奏し，《さくらさくら》にあった音の響かせ方や，旋律・余韻等の伝統的なフレーズ
　　感を知覚・感受するために，唱歌を用い，奏法を工夫する。（2）

　③表現したい「桜」のイメージとかかわらせながら，音階や言葉，音のつながり等，音素材の特徴
　　を生かしながら創作する。（本時2／3）

6．本時の学習指導（7／8時）

(1)　本時の目標

- ・他者との交流を通して，自己のイメージを表す旋律にしようとする。（音楽への関心・意欲・態度）
- ・自己のイメージを表す旋律になるよう，箏の音色や曲の構成，音のつながり方を工夫し創作することができる。（音楽表現の創意工夫）

(2)　本時の展開

学習内容（○）と主な学習活動（・）	教師の働きかけ（●）と評価（★）
・前時までの学習内容を確認し，箏曲《さくらさくら》を演奏する。 ・本時の学習課題を確認し，本時の見通しをもつ。	●演奏に際し，箏の基本的な奏法を確認させる。 ●2人で箏を1面使い，お互いのよさや，自分では気づかなかったことを指摘するように促す。
弾きやすくて，聴きやすい，自分のイメージする "さくらさくら" の前奏を作曲しよう	
・弾きやすく，聴きやすい旋律の条件について考え，自分の旋律と比較する。	●弾きやすさや，聴きやすさのポイントとして，箏の音色や，音楽の構成（反復・変化・対照），音のつながりが重要であることを演奏比較をしながら感じさせる。
・創作した前奏部分をペアの相手に披露し，鑑賞しあった旋律について批評し合い，ワークシートに改善したい点について記入する。 ・改善点をふまえ旋律を推敲する。 ・ペアを変え，自分の旋律を披露する。批評し合い再考したものをワークシートに記入する。 ※自己のイメージを表す旋律にするために，他者との交流を通して，よりよい旋律にしようとしている。 ※自己のイメージを表す旋律になるよう，箏の音色や，曲の構成，音のつながり方を工夫し創作している。	●鑑賞した生徒は感じたイメージを奏者に伝え，奏者が思い描いているイメージとの共通点や相違点について交流させる。 ●批評が早く終わってしまっているペアには，奏者のイメージをより旋律に表れるようにするためにはどのように工夫すれば良いか具体的な案を提示するように伝える。 ●創作活動が滞っている生徒には，表現したいイメージを確認させ，様々に奏法を試し，音を出しながら創作するように助言する。 ●日本の伝統音楽の特性を意識して，演奏に取り組ませる。
・本時の学習を振り返り，共通テーマについて考えたことや気づいたことを学習計画表の「気づきのメモ」に記入する。	★本時の目標について，※印のような生徒の表れが見られたか。

（鈴木章生）

3 実践事例
小中連携を意識した箏の学習指導

1．題材名「箏の魅力にせまろう」（小学校第5・6学年　中学校第1学年）

2．育てたい音楽科の資質・能力

【技能】　　　・姿勢や弦のはじき方に気を付け，箏の音色を感じ取りながら演奏する。

　　　　　　　・箏と尺八の音色や旋律の動き，音の重なり，呼びかけと答えなどを感じ取りなが
　　　　　　　　ら聴く。

【知識】　　　・唱歌や，箏の特徴・様々な奏法への理解を深める。

　　　　　　　・日本とアジアの箏の特徴や音色，奏法の違いへの理解を深める。

【思考力・判断力・表現力等】

　　　　　　　・思いや意図をもち，音楽を形づくっている要素を工夫し，表現する。

　　　　　　　・楽器や奏法の違いや特徴を理解し，音色の違いを聴き取る。

【学びに向かう力・人間性等】

　　　　　　　・箏の音色や奏法に興味・関心をもち，主体的に聴いたり弾いたりする。

3．育てたい汎用的資質・能力

　・知識・技能を活用する力。

　・自国の文化への愛着と他国の文化の尊重。

　・他者と関わる力（チームワーク力）。

4．教材

学　年	教　材　名	
7 年	鑑賞：アジアの箏《グージョン》《ヤトガ》《カヤグム》…比較鑑賞	学びの連続性
	鑑賞：《六段の調》…歌唱・器楽との関連	
6 年	音楽づくり：《枕草子》…国語科との関連	
	鑑賞：《星に願いを》…音楽づくりとの関連	
5 年	器楽：《虫づくし》《さくら》	
	鑑賞：《春の海》（箏・尺八）（ハープ・フルート）…比較鑑賞	

5．指導計画（学習過程）

	見出す		自分で取り組む		広げ深める		まとめあげる
7年 2時間	音高 《六段の調》	→	唱歌・奏法 音高・序破急 《六段の調》	→	比較鑑賞 音色・奏法 アジアの箏	→	箏の魅力新聞
6年 5時間	弾き方 《枕草子》 《星に願いを》	→	音の探求 《枕草子》	→	音楽づくり 話し合い 《枕草子》	→	箏の魅力新聞
5年 4時間	音色 〔共通事項〕 《春の海》	→	箏の特徴 基本的な弾き方 《虫づくし》	→	比較鑑賞 《春の海》 器楽《さくら》	→	箏の魅力新聞

6．本時の学習指導（3／5，4／5　2時間扱い）

【第6学年・ペアによる音楽づくり】

(1) 本時の目標

・オリジナルの「枕草子」の情景を思い浮かべながら音楽づくりをする。（音楽表現の創意工夫）

・「呼びかけと答え」「間」「強弱」「速さ」などを工夫して，随筆にあった音楽づくりをする。

（音楽表現の創意工夫）（音楽表現の技能）

(2) 本時の展開

学習内容（○）と主な学習活動（・）	教師の働きかけ（●）と評価（★）
（座礼）	●気持ちを落ち着かせる。
オリジナルの《枕草子》の情景を思い浮かべながら音楽をつくろう。	
○オリジナルの《枕草子》をイメージする音楽をつくる。（ペアによる活動） ・国語で作成した随筆「枕草子」をもとに，表現する音楽のイメージをもつ。 【前時の学習で体験した弾き方の例】 ・合わせ爪　　・ピッツィカート ・トレモロ　　・グリッサンド ・引き色　　　・後押し　　　他 ・思い浮かべる情景に合う音やリズム，弾き方を見つける。 ・「呼びかけと答え」や「旋律の重なり」を意識してつくる。 ・旋律等が決まったらワークシートにメモをする。 ・音楽全体のイメージが決まったら，「速さ」「間」「くり返し」などを工夫する。	●印に合わせ平調子に調弦するように伝える。 ●前時の学習（様々な弾き方）を元に，弾き方による音色や雰囲気の違いを感じながらつくらせる。 ●全体を大きく捉えてつくらせたいが，困難なペアには文章の中の具体的なイメージをつなげてつくってもよいことを助言する。 ●表現や旋律等が決まったら，ワークシートにメモをするように伝える。 ●「旋律の重なり」や「呼びかけと答え」などを意識させ，表現を工夫させる。 ●概ね仕上がったら，「強弱」や「速さ」，「間」，「くり返し」などを工夫し，さらに表現に工夫を加えさせる。 ●机間指導をし，進まないペアにはヒントを与える。 ★箏の音色や様々な弾き方に興味・関心をもって主体的に取り組もうとしている。 （行動の観察・ワークシート） ★随筆にあった表現方法を工夫することができたか。（行動の観察・ワークシート・ペアによる話し合い）
○課題を解決する。 ・表現の仕方で悩んでいるところをクラス全体で共有し，みんなで解決する。 ・全体を通して演奏し，さらに工夫を加えるところを考え，仕上げる。 ○まとめをする。 ・本日の感想を書く。 ・箏を片付ける。 （座礼）	●弾き方や表現の工夫に悩んでいるペアがいたら，クラスみんなに投げかけ，課題を解決しあうようにする。 ●始めから通して弾き，全体のイメージを確認させる。 ●振り返りをし，次時のめあてをもたせる。 ●丁寧に扱うように伝える。

（髙梨ひとみ）

日本音楽を学校でどう教えるか

第VI章

長　唄

1 長唄の学習内容

(1) 長唄とは

① 長唄の概要

長唄は，三味線に合わせて唄を唄う三味線音楽の代表的なものの一つである。江戸時代に歌舞伎の劇場音楽として生まれ，歌舞伎とともに発展して，現代まで伝えられてきた。時代が下るにつれて，歌舞伎を離れて純粋に演奏を楽しむ曲も多く作られて，現在でも創作されている。歌詞は文語体で，まるで古文のようである。1曲の長さは，およそ15〜25分である。

② 主な楽器

長唄で使用するのは，三味線，囃子の打楽器や笛である。

三味線は，リコーダーなどと同様に，いろいろな種類がある。生徒の多くが知っている三味線は津軽三味線であるが，長唄の三味線とは異なる。津軽三味線は太棹で力強い音色であるが，長唄三味線は細棹なので，歯切れがよく軽やかな響きがする。中学校音楽の器楽の教科書では，長唄の三味線が用いられている。

囃子は，小鼓，大鼓，太鼓，笛が主要な楽器である。小鼓，大鼓，太鼓は音を出す動作を「打つ」と言い，「叩く」とは決して言わない。

③ 姿勢

長唄は，唄ったり弾いたりする時に正座をするのが基本で，その際，腰を入れて座る。椅子に座る場合も，腰を入れることが肝要である。

そのためには，背もたれに寄りかからない，背中を丸めて楽譜を見ない，へそを前に突き出すイメージで腰骨を立てる，足を組まない，などを具体的に伝えることが必要である。

④ 演奏スタイル

長唄は，唄と三味線，囃子のチームプレーで演奏する音楽である。

舞台では三味線を弾きながら唄うことはなく，唄う人と三味線を弾く人に分かれる。唄と三味線は同じ人数で，例えば唄が3人なら三味線も3人になり，囃子が加わると10人以上になる。大人数で演奏する迫力も，長唄の魅力の一つである。

赤い毛氈「もうせん」を敷いた舞台を雛壇と言う。上の段と下の段がある。

上段には，唄と三味線が横一列に並ぶ。唄が向かって左側，三味線が向かって右側になる。上段の中央，唄と三味線が隣り合わせに座るのが，タテ三味線とタテ唄で，この二人がリーダー格になる。タテ三味線は，弾きながら掛け声（声で合図）を掛けて，指揮者の役割をする。全員が掛け声を聞きながら，息を合わせて演奏する。

下段には，囃子が並ぶ。向かって右から笛，小鼓，大鼓，太鼓の順になる。笛以外の3つは，打つ時に，皆で掛け声を掛けながら打つ。

これらを授業で説明するには，舞台風景の映像や写真を指して行うことができるが，筆者は簡単な絵を描きながら説明する。その際，唄う人や掛け声を掛ける人の顔には，口を描いて示している。

⑤ 唱歌

唱歌は「しょうが」と読む。楽器の音を真似して歌うもので，これを歌って覚えたり伝えたりする。三味線の場合は，口三味線と呼ばれる。日本の伝統音楽ではよく用いられ，長唄も同様である。

なお，唱歌や口三味線の歌い方や書き方には人によって若干違いがある。また唱歌を，歌う，言う，唱える，などと言い表すが，本稿では「言う」に統一する。

(2) 唄

① 声の出し方

長唄の発声を行うための練習法は，特にあるわけではない。声を出す際の留意点は，
・腰を入れた良い姿勢を心がける。

・息をたくさん吸い，お腹から声を出す。

・地声をベースに声を出す。

・声は自分の前に向かってまっすぐ出す。

・自分の声をのびのびと，思い切り出して唄う。

② 真似る

　唄の教習の基本は，聞いたものを真似ることである。楽譜に忠実に唄うことよりも，範唱をよく聞くことを重んじる。耳で覚えて聞いたものを真似てみる。語学のレッスンを受けるような感覚である。節だけでなく，声質も模倣してみることも大切である

③ 日本語のことばを意識する

　世界の様々な国では，母国語のことばを唄う音楽がある。長唄も，日本語のことばが聞こえるように，ことばをしゃべるようにして唄う意識を持つことが大切である。

　曲によっては，ことばの抑揚やリズムがそのまま唄になったり，セリフ調で語るようなところがあったりする。

　また朗々と唄う箇所も多々あるが，歌詞を長く延ばして唄う時は，産字をただ延ばすのではなく，ことばを意識して唄う。

　ことばに聞こえるためには，歌詞に鼻濁音や無声音がある場合，発音に気を配る。そして歌詞には特有な読み方をするところがしばしばあるので，唄う前に，生徒が歌詞を音読するのが望ましい。

④ 指導方法

　長唄の曲のある部分を初めて唄う際には，息継ぎの場所を確認する。また唄は，掛け声を聞いて唄い始める。実際の演奏ではタテ三味線が掛けるが，授業で録音や録画を使って唄う際は，授業者が掛け声を掛けると良い。掛け声があると，生徒は迷わずに唄い出せる。

　授業では，範唱を聞くのと，範唱に合わせて唄うのを，交互に行うのが重要である。また全員で唄う，唄う箇所を分担してリレー式に唄う，互いの唄を聞き合う，1人で唄うことを目標にする，など様々な形態で展開するのが望ましい。

⑤ 唄を中心とした鑑賞

　唄に慣れたら，その曲の演奏風景を映像で視聴することを勧めたい。

　唄う人が3人の場合，唄は3人全員で唄うところと1人で唄うところの両方が曲中にある。1人で唄うところは3人で分担して，順番に唄う。唄う人は皆，扇子を自分の前に置き，唄う間だけ持つことになっている。扇子の動きを見ると，次に誰が唄うのかがわかる。

　1人ずつ順番に唄うのを聞くと，声の個性がにじみ出ていることを感じる。長唄は，人それぞれの声の良さを味わう音楽でもある。

(3) 三味線

① 三味線について

　三味線はギターに似ていて，生徒も興味を持ちやすい楽器である。もし授業で三味線を使用できるなら，三味線の数にも授業時間にも限りがある中で，できることを考える。

　始めに，三味線の実技指導に必要な，胴，棹，糸，糸巻，皮の名称を知らせる。糸は3本で，それぞれ太さが異なる。構え方や奏法などは，前述の中学校の器楽の教科書を参照されたい。長唄の三味線の弾き方が掲載されている。

　撥を用いて弾く際，皮を叩くようにして撥を当てる。糸をはじくような弾き方ではない。皮を叩く音も音色に含まれる。三味線は弦楽器でありながら，打楽器の要素が強い楽器である。

② 開放弦

　まずは，三味線を開放弦で十分に弾く。その際，3本の糸を一緒にジャンと弾く。1本ずつではなく，3本でジャンと弾くには，撥を上げて勢いをつけて皮を叩くことになる。まずはジャンと弾き，叩くことに慣れたら，その感覚で1本ずつ弾く。

　開放弦を弾くだけでも，三味線の重みや撥の持ち方や当て方，3本の糸の違いなどを味わうことができる。三味線の実物を見て触り，音を出すだけでも意味のある体験になる。

　そして弾くときには，必ず口三味線を言う。口三味線は前述の通り三味線の音を口で言い表したもので，開放弦では，一の糸をドン，二の

糸をトン，三の糸をテンと言う。

口三味線をカタカナで書く，口三味線を言う，をセットにして三味線を弾くと良い。授業で三味線を交替で弾く場合，口三味線を書いたり言ったりすることは，順番を待つ生徒も行うことができる。

③ 勘所（ポジション）

勘所を指で押さえて曲を弾く場合は，段階を追って進めることを勧める。まずは勘所を1つに限定して行う。本稿では文化譜を用いる。

三下り（シミラ）に調弦して，三の糸だけを用い，その開放弦と，棹の2の勘所を押さえた音を出せば，「お寺の和尚さんがかぼちゃの種をまきました」，「だるまさんが転んだ」などが弾ける。

次に勘所を2つに限定して行う。二の糸と三の糸を用いる。二の糸の開放弦と3の勘所，三の糸の開放弦と2の勘所の音を出せば，ミソラシになり，《ほたる》，《大波小波》，《げんこつ山のたぬきさん》などを弾くことができる。生徒が知っていて，三味線で弾いて違和感のなさそうなものを選曲できると良い。

続いて，阿波踊りのメロディーを弾く。二の糸と三の糸の，2本の糸を同時にチャンと弾く。三の糸の2320に，二の糸の開放弦を加える。三の糸の3の勘所は，薬指で押さえる。2の勘所を人差し指で押さえたまま，3の勘所を薬指で押さえるのが良い。

その上で器楽の教科書にある《さくらさくら》を弾くと，指使いがわかり，始めから《さくらさくら》を弾くよりも，弾きやすくなる。

勘所を押さえると，口三味線は，二の糸はツン，三の糸はチンになる。口三味線を言いながら，左手の指や右手首を動かし，エア三味線の動作をするのも良い方法である。

④ スクイやハジキ

時間が許せば，スクイ（糸を撥で下からすくい上げる）やハジキ（左手の指で糸をはじく）も行いたい。またスクイやハジキの口三味線は，撥で普通に弾く時の口三味線とは異なる。口三味線を言うと，三味線の奏法や音色の違いを感

じることができる。三味線の指導に口三味線は不可欠である。

（4）囃子

① 囃子とは

囃子ということばは，賑やかに囃し立てるという意味だと言われる。長唄は唄と三味線のみで演奏できるが，囃子が入ることも多い。囃子が加わると賑やかになり，迫力が増し，曲の雰囲気が盛り上がる。

② 小鼓

前述の通り，囃子には小鼓，大鼓，太鼓，笛があるが，中学校音楽の教科書で取り上げている長唄《勧進帳》で用いられる楽器は3種類で，小鼓，大鼓，能管である。能管は笛で，鋭くて甲高い響きがする。

小鼓はポンというやわらかい音とタという締まった音が出る。革に通す調べというひもの締め具合で音の変化がつけられる。さらに，ポンという音を出すため，演奏者は革に息をかけて湿り気を与える。一方，大鼓は鋭く高い音が出る。大鼓の革は乾燥していることが必要で，小鼓とは対照的である。

そして大鼓と小鼓はバラバラに打つのではなく，組み合わせて演奏する。両方を大小と呼ぶことがある。

囃子の指導でも唱歌は欠かせない。小鼓の唱歌を授業で扱う際には，小鼓単独ではなく，大鼓小鼓の唱歌を大小セットで言って，掛け声も入れて，丸ごと言うのが基本である。掛け声も演奏の一部である。

小鼓は，エア小鼓の動作もぜひ行いたい。左手をグーにして，右の肩にのせる。そして右手の手のひらを左手のグーに重ねる。打つ時は右腕を伸ばして，左手のグーを目がけて下から打つ。これが最もシンプルな動作である。唱歌を言いながら，エア小鼓が打てると良い。

(5)「寄せの合方」と唱歌

　中学校の音楽の器楽の教科書では，長唄《勧進帳》の「寄せの合方」を口三味線と唱歌を用いて取り組む方法が示されている。

　合方は，唄がなくて楽器のみ（三味線や囃子）で演奏するところである。合奏の面白さや，曲の内容を音で描写している様子などを味わえる。

　ある程度の長さがあり，何かを表現しているものには，○○の合方と名付けられる場合が多い。「寄せの合方」は，人物の登場を表現している。勧進帳の場合は，義経一行が登場する前に演奏される。軽快なテンポで，これからの芝居に期待感が高まるような雰囲気がある。

　教科書の楽譜を見て，録音などに合わせて，まずは口三味線の練習を行う。次に囃子の唱歌の練習を行う。口三味線と囃子の唱歌の両方がすらすらと言えるようになったら，生徒が口三味線と唱歌のどちらかになって，全員で声で合奏する。唱歌を言いながらエア小鼓ができたら，さらに良い。小鼓に慣れてから大鼓を加えると，唱歌と大小のエアと口三味線で，合奏にチャレンジすることができる。

　唱歌を覚えてから「寄せの合方」の演奏を鑑賞すると，音楽の聞こえ方が変わる。声を出したり，動作をしたりすることが，長唄の理解につながる。また学校に楽器がなくても，唱歌やエアでプチ演奏体験ができ，しかも比較的短時間で行うことができる。

(6) 長唄および歌舞伎《勧進帳》の鑑賞

　主な登場人物は源義経，弁慶，富樫であり，主人公は弁慶である。《勧進帳》は安宅の関所を義経一行が超えられるかどうかというサスペンスドラマである。「勧進帳」というのは寺を建てるのに必要な寄付を集めるための巻物のことで，芝居の中で重要な意味を持つので，この題名がつけられた。《勧進帳》は，全体に男性的な力強さにあふれ，迫力や緊迫感のある曲である。

　歌詞やあらすじには，篠懸「すずかけ」や如月「きさらぎ」，安宅「あたか」，強力「ごうりき」などの読み方があるので，鑑賞の前に，生徒が声を出して読むと良い。

　長唄《勧進帳》は，長唄の名曲で人気があり，現在でも演奏会で盛んに演奏されている。授業で曲を鑑賞するなら，終結部の「滝流しの合方」を勧める。滝が流れる様子を表現して，スピード感がある。歌舞伎では演奏されないが，演奏会やCDで聞くことができる合方である。

　歌舞伎《勧進帳》は，弁慶の勧進帳の読み上げ，弁慶と富樫の問答，詰合い，延年の舞，六方など見所が多くあるので，授業で映像を一部分でも視聴することを勧める。

(7) 歌舞伎とのかかわり

　前述の通り，長唄は歌舞伎の劇場音楽として発達した。「歌舞伎」の「歌」は音楽を指し，音楽の要素の強い演劇である。

　歌舞伎での長唄の役割は，大きく2つある。

　1つは舞踊のための音楽を演奏することである。歌舞伎の幕が開いた時，正面に雛壇があって，唄，三味線，囃子がずらりと並んでいたら，それは長唄である。舞踊のための音楽には義太夫，常磐津，清元などがあるが，演奏の規模が大きくて華やかなのが長唄である。

　また役割の2つ目は，黒御簾音楽である。これも長唄の担当である。舞台下手の黒い囲いの部屋で，唄，三味線，囃子，様々な楽器も用いて，芝居のBGMや効果音を演奏する。演奏者は，部屋の窓にかけられた黒御簾越しに，芝居の進行を見つめつつ，場面に応じた効果的な音楽を演奏する。

　以上であるが，音楽は体験してみてわかることがある。難しかったけれど楽しかった，と思われるような長唄の授業を目指していただけることを願っている。

　　　　　　　　　　　　　　　　（山田美由紀）

2 実践事例
長唄の学習 《雨の四季》より「飴売り」

1．題材名「日本と世界の音楽を体感しよう」（小学校第5学年）

2．育てたい音楽科の資質・能力
【技能】　　　　長唄の特徴を生かして唄う。
【知識】　　　　日本や世界の音楽の由来や民族性を知り，その特徴を理解する。
【思考力・判断力・表現力等】　長唄の独特な節回しや発声を感じ取り，その特徴を生かして唄う。
【学びに向かう力・人間性等】　自分の思いと仲間の思いを照らし合わせ，吟味して表現方法を考
　　　　　　　　　　　　　　える。

3．育てたい汎用的資質・能力
①基礎力
・主体的に音楽に関わる。
・日本や世界の音楽文化のよさを，多様な観点から知る。
②思考力
・自分やグループの表現の工夫を明確に説明する。
・世界の音楽との比較から，日本の音楽の特徴やよさを考える。
③実践力
・唄い方，身体表現，楽器の音色の入れ方等，曲に合う表現方法を試しながら見つける。
・グループでの話し合いで，自分と他者の思いを結び付けて考え，よさを引き出す意見を言う。

4．教材
①《春の海》（日本）
②《ヨーデル》（スイス）
③《ケチャ》（インドネシア）
④《雨の四季》より「飴売り」（日本）

5．指導計画（6時間）
第1次（1時間）
①《春の海》を聴き，和楽器の響きと旋律の美しさを味わう。
第2次（1時間）
①世界の国々の音楽を聴いて，その特徴や民族性に触れる。
第3次（4時間）
①長唄《雨の四季》を鑑賞し，感想を出し合い，学習目標を立てる。
②グループで《雨の四季》の練習をし，表現方法を工夫する。
③グループで演奏の工夫をした《雨の四季》をさらに改良しながら演奏を仕上げる。
④「長唄《雨の四季》発表会」を開く。

6．本時の学習指導（5／6時）

(1) 本時の目標

　グループで演奏の工夫をした《雨の四季》をさらに改良しながら演奏を仕上げることができる。

(2) 本時の展開

学習内容（○）と主な学習活動（・）	教師の働きかけ（●）と評価（★）
○音楽に合わせて，体を動かしたり，発声練習をしたりする。 ・音楽に合わせて，指先まで伸ばしてリズム運動をし，腹に力を入れて大きな声で発声練習をする。	●みんなで動きをそろえ，指先まで伸びた美しい動きになるよう声をかける。 ●腹に手を当て，腹から声が出ているかを確かめさせる。
○教師による模範演奏を聴いた後，歌詞の内容と唄い方のリズムを意識して，《雨の四季》を唄う。 ・《雨の四季》の唄声をさらによくするためにはどうしたらよいかを考える。	●模範演奏と自分たちの唄声との違いを明確にさせる。 ●大学生が演奏する三味線の生演奏に合わせて唄わせることで，唄への意欲化を図る。
○めあての確認をする。	
グループで工夫した《雨の四季》を練習し，演奏を仕上げよう。	
○グループで工夫を加えたり，見直したりしながら《雨の四季》の演奏を仕上げる。 ・グループで選択した楽器の音や身体表現，掛け声などの工夫が，《雨の四季》に合っているか試し，確認しながらアレンジシートを利用して演奏を仕上げる。	●長唄の雰囲気を生かせる3点の工夫を加えるようアドバイスする。 （唄い方・身体表現・楽器の音色） ●あくまで唄を第一に考え，長唄のイメージを大切にした工夫をするよう投げ掛ける。 ★アレンジシートを利用して，グループで出された工夫点を書き込むのと同時に，個人のワークシートにも気づいたことや考えたことを記入することができる。
○全員で《雨の四季》を演奏する。 ・大学生の三味線生演奏に合わせて，現時点での《雨の四季》を精いっぱい表現する。	●全員の唄声とグループの演奏をよく聴きながら息をそろえて演奏するよう声を掛ける。
○振り返りカードに記入する。 ・今日のグループ練習で工夫したことや頑張ったことを書く。	●カードを基に，自分の活動を振り返らせる。

（平野直孝）

3 　実践事例

《勧進帳》を唄う 「虎の尾をふみ」

1．題材名「長唄に挑戦」（中学校第2学年）

2．育てたい音楽科の資質・能力

【知識及び技能】　・自分の声について自覚化するとともに，言葉の抑揚や声の使い方を工夫しながら長唄の発声や歌い方の特徴を意識して歌う。

【思考力・判断力・表現力等】　・自分の声について自覚化し，長唄の発声の仕方や唄い方，言葉の言い回し方を工夫する。

【学びに向かう力・人間性等】　・長唄の特徴的な唄い方や発声の仕方，音程の上がり下がりなどを意識しながら鑑賞したり練習したりすることを通して，日本の伝統音楽に関心をもつ。

3．育てたい汎用的資質・能力
　・主体的に対象に関わろうとする
　・自国の音楽文化のよさを，多様な観点から知る
　・よりよいものを目指そうとする

4．教材
　①長唄《雨の四季》
　②長唄《勧進帳》

5．指導計画（3時間）

第1次（2時間）
　①自分たちの，話す声や歌う声の発声の仕方について自覚化する。
　②長唄について知る。
　③長唄《雨の四季》の映像を鑑賞し，唄い方や発声の仕方，声の特徴について考える。
　④長唄《雨の四季》の「飴売り」の部分を取り上げ，小グループに分かれて練習をする。
　⑤三味線の伴奏（DVD）に合わせて，長唄を体験する。

第2次（1時間）
　①歌舞伎《勧進帳》を鑑賞し，歌舞伎の雰囲気や臨場感を味わう。
　②「鳴るは滝の水」の部分を取り上げ，ゲストティーチャーの実演を聴きながら，リズムの取り方や音程の上げ下げなどを楽譜に記入する。
　③後半の「虎の尾をふみ」からを，声部ごとに練習する。

6．本時の学習指導（3／3時）

(1) 本時の目標

　自分の声について自覚化するとともに，言葉の抑揚や声の使い方を工夫しながら長唄の発声や唄い方の特徴を意識して歌おうとしている。　　　　　　　　　　【思考力・判断力・表現力】

(2) 本時の展開

学習内容（○）と主な学習活動（・）	教師の働きかけ（●）と評価（★）
○歌舞伎《勧進帳》を鑑賞する ・鑑賞しながら，歌舞伎の世界について知る。 　○長唄《勧進帳》に挑戦しよう ・「鳴るは滝の水」の部分からを音読する。 　言葉の言い回しや言葉の抑揚，どうなっているのだろう ・ゲストティーチャーの実演を聴く。 ・リズムの取り方や音程の上げ下げなどを，自分がわかりやすいように楽譜に記入する。 ・言葉の抑揚や声の使い方を意識しながら，唄う練習をする。（個人→グループ） ・長唄の発声や唄い方の特徴を意識して唄うことができているか，グループ内で聴き合いながら練習する。 ・声部ごとに唄を聴き合い，感想を発表し合う。 ○ゲストティーチャーの実演を聴く。 ・鑑賞後，「鳴るは滝の水」の部分はゲストティーチャーが唄い，「虎の尾をふみ」の部分からは一緒に唄う。 ○本時を振り返る。	●歌舞伎や勧進帳の内容について，簡単に説明しながら鑑賞させ，歌舞伎について興味をもたせる。 ●前時での「音読する際の注意点」を確認する。 ・腰を入れて，正座で行う。 ・イントネーション ・息つぎの場所 ・無声音と鼻濁音の発声 ●比較的安易な「虎の尾をふみ」の部分に絞って行うようにする。 ●前時で扱った《飴売り》との相違点や類似点などを比較しながら聴くようにさせる。 ●鑑賞の視点を明確にしておく。 ●音程の幅が広いため，男声部と女声部で分かれて，調子を変えて練習する。 ●地声を基本とするが，高音がどうしても出にくい場合は，裏声を使ってもよいとする。 ●言葉の抑揚や声の使い方を工夫しているかどうかに視点をおいて聴き合うようにする。 ●ゲストティーチャーの実演を再度鑑賞することにより，自分の唄い方をさらに意識化させるとともに，興味・関心を高めるようにする。 ★自分の声について自覚化するとともに，言葉の抑揚や声の使い方を工夫しながら長唄の発声や唄い方の特徴を意識して唄おうとしていた。　　　【思考力・判断力・表現力】

（松下成輝）

4 実践事例

《勧進帳》を唄う 「詰合い」

1．題材名「我が国の伝統的な歌唱にチャレンジしてみよう！（長唄)」（中学校第3学年）

2．育てたい音楽科の資質・能力

【技能】 長唄のさまざまな声の出し方や唄い方を意識し，長唄らしく唄うための技能を身に付けて表現する。声を聴き合いながら歌う。

【思考力・判断力・表現力等】 歌舞伎の物語と音楽が一体となって生み出される雰囲気を感受しながら，どのように唄うかについて思いや意図をもって音楽表現を工夫する。

【学びに向かう力・人間性等】 長唄に興味・関心をもち，長唄を唄う学習に主体的に取り組む。

3．育てたい汎用的資質・能力

①基礎力
・基礎的・基本的な歌唱技能を習得する。（歌唱能力）
・基礎的・基本的な知識と技能を活用し主体的に学ぶ。
・自国の音楽文化に関心をもち，主体的に学ぶ。

②思考力
・根拠と理由を明確にして自分の考えを表現する。
・友達の発言をよく聴いて比較し自分の考えを広げる。
・演奏を多面的多角的に捉え，真似をしながら技能を向上させる。・

③実践力
・知識・技能を活用して，よりよいものを目指し追求していく。
・客観的に自分の演奏を振り返り，習得した知識を活用し表現の工夫をしていく。
・学んだことを生かして他の場面でも活用してく。

4．教材

①歌舞伎《勧進帳》より
② NHK for School　おはなしのくにクラシック　歌舞伎《勧進帳》

5．指導計画（3時間）

第1次（1時間）
①長唄と出会い親しむ。（長唄《雨の四季》より「飴売り」）

第2次（2時間）
①範唱を真似して繰り返し唄い，唄うところと語るところの違いを習得して唄えるようにする。
②唄うところと語るところの特徴を生かしながら，「詰合い」にあった唄い方を追究する。

6．本時の学習指導（2／3）

(1) 本時の目標

　唄うところと語るところの特徴を生かしながら，「詰合い」にあった唄い方を追究する。

(2) 本時の展開

学習内容（○）と主な学習活動（・）	教師の働きかけ（●）と評価（★）
○詰合いの場面を理解して唄おう。 ・「勇みかかれる〜」の部分を唄い復習する。 ・三味線入りの音源で一斉に唄う。 ・膝打ちをしながら，ペアで唄いあう。 ・膝打ちをしながら，4人組でリレー唱をする。	●力強く勢いよく唄わせる。 ●「唄う」ところは高い声が細い声にならないようにする。 ●「恐れつびょうぞ」は下腹に力を入れて声を強く出し，瞬時に音程を上げる。 ●「見えにける〜」「る」を伸ばしながら音程が変わる感じをつかむ。唄い尻で一音下がるとき，力を込める。（習字の止めをイメージして） ●「語る」ところは，唄い始めは低い音で，音が高くなるところでは，表声と裏声の境目を狙い，思いっきり唄わせる。特に，「鬼神も」の部分は高く大きく派手に唄う。 ●唄う形態を工夫し，1人で唄う場面をつくる。
・「かたがたは〜見えにける」を朗読する。 ・詰合いの場面を鑑賞して，理解を深める。 ・詰合いの場面を見て，どんな感想を持ったかをワークシートに記入し発表をする。 ・どんな声や唄い方がふさわしいのかを考え，ワークシートに記入し発表する。 （演奏を深める手立て） ・発表をふまえ，全員で詰合いの場面らしく唄う。 ・男子と女子にわかれて，発表しあう。 ・今までの学習を生かして唄う。	●これから鑑賞する部分の歌詞を，声を出して読みこの後の鑑賞につなげる。 ●VTR「おはなしのくにクラシック」の詰合いのアニメと歌舞伎映像を見せる。5分 ●役者の動きと長唄との一体感を感じ取らせる。（全員で演奏している。テンポ・激しさ） ●生徒たちにどのような唄い方がふさわしいのかを考えさせる。 ★唄うところと語るところの特徴を生かしながら，詰合いにあった唄い方を追究している。（ワークシート・演奏聴取） ●力強く勢いよく唄わせ，恥ずかしがらずに，思いっきり唄わせる。

（都木雅之）

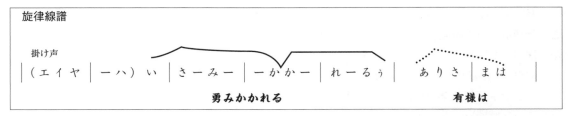

旋律線譜

掛け声

｜（エイヤ｜ーハ）い｜さーみー｜ーかかー｜れーるぅ｜　ありさ｜まは｜　｜

勇みかかれる　　　　　　　　　　**有様は**

授業内で用いた旋律線譜の一部：実線は「唄う」部分，点線は「語る」部分を示す（山田美由紀作成）

5 実践事例

小鼓の学習指導　長唄《小鍛冶》より「セリの合方」

1．題材名「お囃子でアンサンブル」（小学校第５学年）

2．育てたい音楽科の資質・能力

　【技能】　　　・唱歌をうたう。

　　　　　　　・手を打ちながら唱歌をうたう。

　　　　　　　・小鼓を演奏する

　【知識】　　　・《セリの合方》を鑑賞し，音楽を形づくっている要素を聴き取る。

　　　　　　　・唱歌について知る

　【思考力・判断力・表現力等】

　　　　　　　・覚えた唱歌に小鼓を打つ要領で，手打ちを加える。

　　　　　　　・唱歌に合わせて小鼓を演奏する。

　　　　　　　・ゲストティーチャーの三味線に合わせてグループで演奏をする。

　【学びに向かう力・人間性等】

　　　　　　　・日本の楽器，小鼓を演奏する楽しさを味わう。

　　　　　　　・ゲストティーチャーや友達と一緒に日本の楽器を演奏する楽しさを味わう。

3．育てたい汎用的資質・能力

　①基礎力

　・主体的に日本の音楽に関わろうとする。

　・日本の音楽のよさを，多様な観点から知る。

　・唱歌を知り，しっかりとうたいながら覚える。

　②思考力

　・新しい見方・考え方に柔軟である。

　・各自の演奏の工夫を明確に説明する。

　・根拠をもって自分の考えを述べる。

　③実践力

　・学習した唱歌をうたいながら小鼓を演奏する。

　・他の楽器（三味線）に合わせながら小鼓を演奏する。

　・リーダーシップを発揮し，グループの意見をまとめる。

4．教材

　①歌舞伎《小鍛冶》

　②長唄《小鍛冶》より「セリの合方」

5．指導計画（5時間）

第1次（3時間）

　①歌舞伎《小鍛冶》を鑑賞し，音楽を形づくっている要素を聴き取る。（1時間）

　②唱歌を手で打ちながらうたう。（2時間）

第2次（2時間）

　①小鼓を実際の楽器でゲストティーチャーを交えながらグループごとに演奏する。（1時間）

②グループごとに発表をする。（1時間）

6．本時の学習指導（3／5時）

(1) 本時の目標

ゲストティーチャーを交えながら「セリの合方」を演奏する。

(2) 本時の展開

学習内容（○）と主な学習活動（・）	教師の働きかけ（●）と評価（★）
○ゲストティーチャーによる「セリの合方」の演奏を鑑賞する。 ・本物の小鼓の生演奏を聴いた感想を発表する。	●小鼓の音のよさや音色の変化などに気付けるように助言し，よさを共有できるようにする。
○全員による唱歌をゲストティーチャーに聴いてもらう。 ・唱歌を聴いてもらった後に唱歌のポイントを教わる。 ・ポイントをもとに唱歌のグループ練習の目標をたてる。	●唱歌を行うときのポイントを教わったことをこの後のグループ活動に生かせるように，メモさせる。また，各自の思いを明確にして目標を立てさせる。
○ゲストティーチャーのアドバイスをもとにグループ毎に「セリの合方」を唱歌で練習する。 ・各自の思いや意図を明確にし，自分の考えをグループ内で発言する。	●教師とゲストティーチャーは，各グループを回り，掛け声のかけ方や構え等の指導をする。
○ゲストティーチャーと一緒に本物の小鼓を演奏する。 ・グループごとにゲストティーチャーと演奏していく。 ・ゲストティーチャーは，三味線を演奏し，児童は小鼓を演奏する。	●学習してきた唱歌をしっかりと思い出しながら小鼓を演奏させる。 ★リズムのおもしろさ一緒に演奏する楽しさを味わいながら演奏している。
○最後にもう一度，ゲストティーチャーによる演奏を鑑賞する。 ・学習を振り返りながら鑑賞し，感想をワークシートに記入する。	●本時の学習を振り返らせ，日本の音楽の特徴やよさを味わいながら鑑賞させる。

（緑川雄一）

6 実践事例

歌舞伎の身体性　見得とツケ

1．題材名「歌舞伎の魅力　《勧進帳》を体験しよう」（中学校第2学年）

2．育てたい音楽科の資質・能力

【技能】　　　・長唄の特徴を感じ取り，ふさわしい発声で唄う。

　　　　　　　・三味線の奏法を理解し，「寄せの合方」の一部分を体験する。

【知識】　　　・日本の伝統的な歌舞伎の特徴を《勧進帳》を通して理解する。

【思考力・判断力・表現力等】

　　　　　　　・歌舞伎の演技（見得を切る）をツケ打ちに合わせて体験し，自由に演技を考える。

【学びに向かう力・人間性等】

　　　　　　　・歌舞伎の音楽や演技の特徴に興味・関心をもち，主体的に取り組む。

3．育てたい汎用的資質・能力

①基礎力

・歌舞伎の概要を知り，そのよさや美しさを味わう。

・長唄，三味線，見得を切る体験に主体的に取り組む。

②思考力・判断力

・体験活動を通し，歌舞伎《勧進帳》とその音楽としての長唄《勧進帳》の役割を感じ取る。

・体験活動を通し，歌舞伎《勧進帳》の演技（見得を切る）とツケ打ちの役割を感じ取る。

・他のグループのよさを発見し，そのよさを明確な言葉で根拠をもって説明する。

③実践力

・他のグループと比較し，試行錯誤しよりよいものを目指す。

・歌舞伎の演技や音楽（長唄や三味線）を体験し，日本の伝統芸能を深く理解する。

4．教材

　　歌舞伎《勧進帳》

5．指導計画（7時間）

1次（4時間）

①歌舞伎についての概要を理解する。

　《勧進帳》を鑑賞し，あらすじを理解する。

②ツケ打ちに合わせて見得を切る体験をする。

③長唄を体験する。（謡がかりを唄う）

④三味線を体験する。（「寄せの合方」を弾く）

2次（3時間）

①歌舞伎の要素（長唄，ツケ打ち，見得，三味線）を分担しグループで創作活動をする。

②グループごとに発表し，相互評価をする。

③これまでの学習を元に，歌舞伎の紹介文を書く。

使用したワークシート

6．本時の学習指導（6／7時）

(1) 本時の目標

　　・歌舞伎の音楽（長唄）と演技（ツケと見得）を体験し，そのよさや美しさを味わうことができる。

(2) 本時の展開

学習内容（○）と主な学習活動（・）	教師の働きかけ（●）と評価（★）
○本日の目標を確認する。	
自分たちの「勧進帳」を演じ，歌舞伎の特徴を感じとろう。	
○歌舞伎「勧進帳」を確認する。 ・長唄（謡がかり），三味線（「寄せの合方」），ツケ打ち（音），見得（石投げの見得）を視聴する。 ・《勧進帳》の謡がかりを全員で唄う。	●生徒が体験する部分を中心に，映像を流し特徴をとらえて視聴するよう促す。 ●唄い方を確認し声をそろえて唄うよう助言する。（唄う姿勢，声の出し方，言葉の抑揚）
○班ごとに練習する。 ・工夫点や発表での「見どころ」を確認する。 　　長唄（謡がかり） 　　　↓　班ごとにつなぎ方を工夫する 　　三味線（「寄せの合方」） 　　　↓　班ごとにつなぎ方を工夫する 　　見得を切る ・班で考えた工夫点を確認し，修正しながら練習を進める。	●班長は，発表での「見どころ」を確認するよう指示する。 ●長唄（謡がかり），三味線（「寄せの合い方」），見得のつなぎの部分の工夫点から見どころを考えるよう促す。 ・長唄から三味線，三味線から見得への入り方と弾き方。（掛け声や速さなど） ・ツケ（見得にあった打ち方やつなぎ） ・見得（手足の動きや顔の表情など） ●つなぎの部分の工夫点や「見どころ」は，練習しながら修正してもよいと伝える。 ★創作活動をする中で歌舞伎の特徴を感受しながら，創意工夫しよりよいものを目指そうとしているか。（観察）
○班ごとに発表をする。 ・班の「見どころ」を班長が言ってから発表する。 ○発表の振り返りをする。 ・班長・副班長を中心に，他の班の良かったところと自分たちの演奏（演技）と違うところを発表し合い，班員の意見をホワイトボードにまとめる。	●各班の見どころに注目し，よかったところや，自分たちの演奏（演技）と違ったところ（速さ・強弱・間の取り方・表情などと比較）をみつけて鑑賞するよう促す。 ★歌舞伎の特徴と関わらせて鑑賞し，根拠をもって批評することができたか。 （発表とワークシートの記述）
○今日の振り返りをする。 ・今日の授業を振り返り，活動を通して，歌舞伎についての自分なりの考えをまとめる。	●同じ内容の演奏（演技）でも，演奏する人が異なると違う味わいがあり，そこに面白さがあることに気づかせ，今日の活動を通し，さらに，歌舞伎への理解と興味・関心をもたせる。

（松村尚子）

第VII章

雅　楽

1

雅楽の学習内容

（1）雅楽とは

　雅楽の元々の語義は、「雅正の楽」、すなわち「上品で正しい音楽」を意味する。一般民衆の音楽を「俗楽」というのに対する語。

　奈良時代、あるいはそれ以前からの大陸との文化交流に伴って伝来した、おもに東アジア諸国の音楽がその起源である。

① 雅楽の種類・分類

　雅楽には多様なジャンルの音楽・芸能が含まれ、大きく3つに分けて考えることができる。

1) 国風歌舞

　外来の音楽ではなく、古来より我が国に行われてきたと考えられる歌舞。神楽、東遊、久米舞など。伴奏楽器として六絃の和琴や笏拍子等が用いられる。

2) 大陸系楽舞

　唐楽系と高麗楽系に分けられる。平安時代に、左方唐楽と右方高麗楽とに整理された。演奏形態からは、舞を伴う舞楽と、舞を伴わない器楽のみによる管絃とに分けられる。

3) 歌物

　歌物には、催馬楽（《更衣》《伊勢の海》など）と朗詠がある。朗詠は漢詩に旋律を付けて歌うもの。

② 雅楽の楽器

　雅楽で用いられる楽器は、演奏形態によって異なるが、ここでは唐楽の管絃を演奏する時に用いられる楽器を中心に述べる。

　管楽器は龍笛、篳篥、笙の三管、絃楽器は琵琶、箏の二絃、打楽器は太鼓、鞨鼓、鉦鼓の三鼓である（図1）。

1) 管楽器

　龍笛は篳篥とともに主旋律を奏するが、篳篥より音域が広く、より装飾的な音の動きが可能である。篳篥は小さい竹の筒に、6cmほどの蘆（あし）の舌（リード）をさして吹く。音と音との間をなめらかに移行する塩梅という奏法が特徴的である。笙は、17本の細い竹をたばねてあり、15本の管にだけ響銅のリードが付いている。息を吹いても吸っても音が鳴るので、たえず音を鳴らし続けることが可能である。5つまたは6つの音を同時に鳴り響かせる。

2) 絃楽器

　箏は、絹糸の絃を13本張り、柱を立てて、右手の親指、人差し指、中指に爪をはめて弾く。閑掻、早掻といった様式化した奏法がある。琵琶は、絹糸の絃を4本張

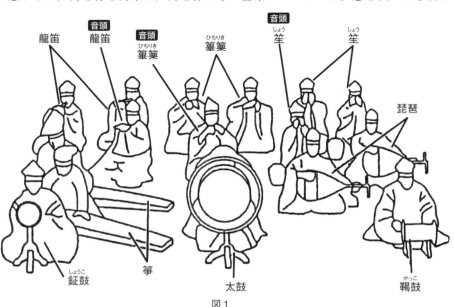

龍笛　音頭龍笛　音頭ひちりき篳篥　ひちりき篳篥　しょう笙　しょう笙　琵琶
しょうこ鉦鼓　箏　太鼓　かっこ鞨鼓

図1

り，柘植のばちで弾く。箏，琵琶ともに，合奏の中で拍を刻み，テンポを決めていくようなリズム楽器のような用いられ方をする。

3）打楽器

太鼓，鞨鼓，鉦鼓の三鼓は，合奏の中で一定のリズム・パターンを何度も繰り返す。合奏の始まりの部分（付所）で太鼓が入り，楽曲が終わる一番最後の部分でも太鼓が鳴らされる。鞨鼓は楽長もしくは熟練者が受け持ち，速さを調節したり，楽曲の止め（終わり）を合図したりと，合奏の中で重要な役割を果たす。これら三鼓の打ち物は，西洋音楽における打楽器とは，合奏の中での機能的な意味が異なっている。

③ 雅楽の楽譜・唱歌

譜例1は《越殿楽（越天楽）》の龍笛の楽譜である。「トラロルロ……」は唱歌（口唱歌ともいう）で，龍笛の音色をカナで表したものである。雅楽の教習の際には，楽器を持つ前に必ず唱歌を歌って，旋律を記憶する。「六テ中……」は，龍笛の指孔名を示している。

譜例1

各行の下に「二返」とあるのは，繰り返しの意味で，各行を2回ずつ繰り返す。1行目をA，

2行目をB，3行目をCとすると，ＡＡＢＢＣＣＡＡＢＢと演奏するのが正式な演奏の仕方である。

（2）雅楽の音楽的特徴

ここで，雅楽の音楽的特徴や音楽のしくみについて，《越天楽》を例に詳しく見ておく。

① コロトミー構造

雅楽は日本古来の音楽と中国や朝鮮・インドなどから伝来した音楽が融合し，長い年月をかけて洗練され完成された音楽である。音楽的特徴としてまずリズム面では，東アジア文化圏の特に宮廷で発達した音楽に共通する時間的構造をもっている。

譜例1に「早四拍子」とあるのは，西洋音楽の4分の4拍子等とは意味が異なる。「早」とは1小節を4拍にとるという意味で，四拍子とは4小節に一度，太鼓が打たれるということを表す。この打ち物のリズム・パターンを模式的に表したのが，図2の②である。4小節目の太鼓の「ドウ」という一打に向かってエネルギーが堆積していき，そのドウで解放される。と同時にその拍がまた次の周期の出発点ともなる。雅楽における太鼓は，インドネシアのジャワのガムラン音楽におけるゴングと同じような位置にあると言える。このように，打楽器（打ち物）が周期的にリズム・パターンを繰り返し，音楽に句読点を打っていくような楽曲構造のことを，コロトミー構造という（78頁参照）。

② 音が「すれる」

教科書教材となっている《越天楽》は，平調の《越天楽》である。平調はE音を中心とする調子であり，伝統的にその音階は譜例2の①として説明される。そして，《越天楽》の箏で使われる音は②，琵琶では③，笙では④の音が使われる。笙でG♯の音が1回出てくるが，基本的に箏，琵琶，笙の音階は①として捉えてよいだろう。一方，雅楽の主旋律を担当する龍笛と篳篥の音をよく聴いてみると，そこであらわれる音は⑤～⑧のようになっている。①の7つの音

71

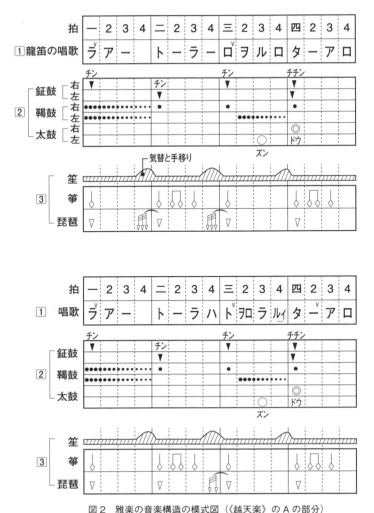

図2　雅楽の音楽構造の模式図（《越天楽》のAの部分）

は，曲の中で常にまんべんなくあらわれるのではない。A，Bの部分では⑤・⑦の音，Cの部分では主に⑥・⑧の音が使われる。特に篳篥の音階が，部分部分で五音音階のようになっていることは興味深い。また，篳篥や龍笛ではF♯はF♮（あるいはその中間音）に下がることが多い。篳篥・龍笛ではF♮が，箏・琵琶・笙ではF♯が1曲の中で同時にあらわれ，音がぶつかりあう。この現象を「すれる」という。これにより1本の旋律線に音の厚みが与えられ，あの雅楽独特の響きが生みだされる。

③　ドローン

　雅楽の音楽的特徴として見過ごせないのが，ドローンの存在である。ドローンとは，ずっと持続して鳴っている音のことを指す。笙の和音は，主旋律の音をおおまかになぞると同時に，4度，5度，2度などの響きを保ちつつ常に鳴り続けている。高次倍音をすくいとったような笙の響きに包まれて

譜例2

いる時，他の奏者はとても安心して演奏できるのである。

　さらに，図2の③に示したのは，笙，箏，琵琶の音の動きである。箏と琵琶は，一定のリズム・パターンでリズムを刻んでいく。これも広い意味でのドローン（繰り返しずっと鳴っている音）と見ることができる。箏と琵琶のリズム・パターンに加えて，笙の気替え（吹くと吸うとを切り替える）と手移り（笙の和音をなめらかに移行させるため一定の規則で指を動かす奏法）とが，楽曲を前へ前へと進めていく推進力となっている。

(3) 指導のポイント

① 唱歌と伝統的楽譜を活用する

　雅楽の教習過程で大事にされている唱歌を，音楽科の授業でもぜひ活用したい。実際に唱歌をうたってみて，雅楽の音楽の流れにのるという体験そのものが重要だ。加えて，主旋律をとらえることができると他の音も聴こえてくるし，楽曲全体の音楽のしくみもわかってくる。手元にある音源に合わせてうたってみると，雅楽のテンポ感や拍の伸縮の実際も実感できる。

　また，雅楽の楽譜を見ただけでも，多くの気付きが生まれる。楽譜が縦書きになっている，龍笛と篳篥の唱歌は似ているが少し違うところもある，楽譜に書いてあるカナと実際の発音が違うところがある，等である。こうした気付きは，音楽の歴史的・文化的背景への理解にもつながるので大切にしたい。

② 音楽のしくみの理解

　打ち物のリズム・パターンを集中して聴き取る活動から，唱歌と打ち物の合奏体験へと展開すると，雅楽の音楽のしくみの理解へとつなげることができる。音楽のしくみがわかると，それまで漠然としか聴き取れなかった音響が明確な意味をもって聴き取れるようになる。指導にあたっては，生徒が自ら雅楽の音楽の謎を解き明かすように，生徒主体で学習が進むようにしたい。具体的には，音を集中的にミクロに聴き

取ること，生徒自身の気付きを大切にしそれをクラスで共有することである。

③ 雅楽の多様な側面

　雅楽には，《越天楽》のような管絃の演奏形態もあれば，一方で舞楽の演奏形態もある。雅楽の舞を鑑賞すると，西洋のバレエ等とは全く異なる，日本的な身体感覚や身体の動かし方に気付く。「落ち入り」という腰を低く落とした動きや，足を摺る動き，また太鼓の音と足を踏む動きとが連動していること等に気付くだろう。舞の装束の様々な意匠や文様，独特な色合い等を鑑賞したり，舞楽の時につける様々な面にも注目させたい。

　雅楽の歌物のうち，例えば朗詠の《嘉辰》や催馬楽の《更衣》などを一節でも歌ってみるのもよい。《越天楽》1曲だけにとどまらず，雅楽には幅広く多様な側面があることをぜひ知らせたい。

④ アジアの音楽としての雅楽，文化のつながりと変容

　奈良の正倉院には，天平勝宝四（752）年の東大寺大仏開眼会で使われた楽器等が残っている。これを見ると当時は現在に比べ多様な楽器群があったことがわかる。例えば，簫（パンパイプ）や尺八が残存するが，これらは現在の雅楽では使われない。竽という現在の笙より1オクターブ低い音域の楽器も現在では使用されない。こうした変化から，雅楽の日本での受容・日本化の過程での取捨選択の様子を知ることができる。

　一方で，シルクロードを通って伝わってきた楽器群から，琵琶，篳篥など同じ起源をもつ楽器（同属楽器）の各地での変容の形を見ることもできる。雅楽の楽器を軸に，同じアジアの仲間としての各地の音楽との共通点・相違点を知ることも一つの重要な指導のポイントである。

（本多佐保美）

参考文献
岸辺成雄（1984）『天平の響き―正倉院の楽器』音楽之友社.
増本喜久子（1968）『雅楽―伝統音楽への新しいアプローチ』音楽之友社.

2　実践事例

《越天楽》の打ち物に焦点化した授業実践

1．題材名「《越天楽》のしくみを理解して演奏しよう」（中学校第2学年）

2．育てたい音楽科の資質・能力

【技能】　　・ゆったりとした拍の流れにのって，《越天楽》の唱歌(しょうが)を覚えて歌う。

　　　　　　・曲の感じをとらえながら，《越天楽》のリズムパターンを代替楽器で演奏する。

【知識】　　・《越天楽》の打ち物のリズムパターンを聴き取り，曲のしくみを理解する。

【思考力・判断力・表現力等】

　　　　　　・これまでに学んだ知識を活用し，集中して音を聴き取ったり，曲の続きを推測したりする。

　　　　　　・友だちと協力しながら，意見交換し，曲の感じに合う演奏を工夫する。

【学びに向かう力・人間性等】

　　　　　　・雅楽《越天楽》のよさや美しさを自分なりに考えながら，主体的に学習に取り組む。

3．育てたい汎用的資質・能力

①基礎力

・自国の音楽文化のよさを，多様な観点から知る。

・知識・技能を活用する。

②思考力

・他者と一緒に創造的に考える。

・各自の演奏の工夫を明確に説明する。

③実践力

・グループで意見をまとめ，よりよい演奏をつくる。

4．教材　　雅楽《越天楽》

5．指導計画（3時間）

第1次（2時間）

①雅楽《越天楽》を鑑賞し，用いられている楽器の名称等を理解し，その響きを感じ取る。

②龍笛の唱歌をうたう。ひざで拍を取り，ゆったりとした雅楽の拍の流れにのりながらうたう。

③五線譜とは異なる雅楽の楽譜（唱歌譜）を知り，親しむ。

④CDで《越天楽》を集中して聴き，友だちと協力して雅楽の打ち物（打楽器）のリズムパターンを聴き取る。

⑤DVDを見て，雅楽の打ち物の演奏の様子を知り，ばちの用い方や身体の使い方等をまねしてみる。

第2次（1時間）

①前時に聴き取った打ち物のリズムパターンを，唱歌と一緒に演奏する。

唱歌をもとに，打ち物のリズムパターンを書き込む

②音楽室にある楽器で鞨鼓，楽太鼓，鉦鼓の音色にぴったりの音を探す。
③より雅楽らしい雰囲気を出すにはどんなふうに演奏すればよいか，グループで考える。

6．本時の学習指導（2／3時）

(1) 本時の目標
《越天楽》の打ち物のリズムパターンを聴き取り，雅楽の音楽のしくみを理解する。

(2) 本時の展開

学習内容（○）と主な学習活動（・）	教師の働きかけ（●）と評価（★）
○前時を振り返り，唱歌をうたう。 ・雅楽の雰囲気を感じながら，ゆったりとした拍の流れにのって，唱歌をうたう。 ・雅楽の楽器（三管，二絃，三鼓）の名称を確認する。 ○本時の学習の目標を確認する。	●拍をひざでとり，ゆったりとした拍の流れをつかませる。 ●パワーポイントを用いて，わかりやすく雅楽の楽器をとらえさせる。

打ち物のリズムパターンを聴き取り，雅楽の音楽のしくみについて考えよう。

学習内容（○）と主な学習活動（・）	教師の働きかけ（●）と評価（★）
○三鼓のうちどれか一つ，自分が聴き取りたい楽器を決め，その音を集中して聴きとる。 ・まずは個人で聴き取る。 ・次に同じ楽器を選んだ生徒どうしで3～4名のグループをつくり，ワークシートを見せ合って意見交換する。	●聴き取った音を書き込むためのワークシートを配布する。 ●書き込みは図形でも記号でも擬音でもよいので，聴こえた音を積極的に書き込むように促す。 ●いくつかのグループに発表させる。
○鞨鼓のリズムパターンを知り，その特徴を考えたり，その先はどうなるのか予想したりする。 ・三鼓のリズムパターンと唱歌の関わりを知り，雅楽の音楽のしくみを理解する。	●鞨鼓のリズムパターンを例に，雅楽の打ち物のリズムパターンが繰り返しになっていることに気付かせる。 ●三鼓のリズムパターンを一覧にした楽譜を示し，全体像をとらえさせる。
○映像を見て，打ち物の奏法や身体の使い方などに気付く。実際に身体を動かしてまねしてみる。 ・自分で選んだ一つの楽器に集中して，聴いたり見たりする。 ・全員で，CDの音に合わせて打ち物をエアで演奏してみる。	●DVDの映像を見せる。打ち物の演奏のしかた，右手か左手か，ばちの用い方や身体の使い方等について細かく見るように促す。 ★打ち物のリズムパターンをもとに，雅楽の音楽のしくみについて理解している。（ワークシート，演奏観察）
○本時に学んだこと，感じたこと，気付いたことをワークシートに記入する。	●次時には，学習の仕上げとして，代替楽器を用いて唱歌と一緒に演奏することを知らせる。

（本多佐保美）

3 実践事例

《越天楽今様》をもとにした創作の実践

1．題材名「雅楽に親しもう」（小学校第6学年）

2．育てたい音楽科の資質・能力

【技能】　　日本の音階の音を使い，《越天楽今様》の構成（起承転結）を生かして旋律をつくる。

【知識】　　雅楽の特徴を感じ取り，構造を理解して聴く。

【思考力・判断力・表現力等】

　　　　　　知識として得たことを活用して音楽づくりに生かす。

【学びに向かう力・人間性等】

　　　　　　日本の伝統的音楽のよさや面白さを感じ取りながら，主体的に取り組む。

3．育てたい汎用的資質・能力

・雅楽に興味をもって聴いたり，そのよさや面白さを感じ取って，真似したりする力

4．教材

　①《越天楽今様》日本古謡　慈鎮和尚作歌（音楽づくり）

　②雅楽《越天楽》（鑑賞）

5．指導計画（5時間）

第1次（2時間）

　①《越天楽今様》の歌詞の意味を理解して歌ったり，リコーダーで演奏したりする。そのことによっ
て，五音でできていることや「起承転結」の構成に気づく。

　②《越天楽今様》の五音音階やリズムを真似て《八木南今様》をつくる。（4分の4拍子，16小節）

　・リズムカード（二分音符・四分音符・四分休符・付点二部音符）を組み合わせ，2人で4小節の旋
律をつくる。

　・跳躍進行や構成に気をつける。

　・2人でつくった旋律を持ちよってグループで16小節の旋律にする。（あらかじめ，起承転結の分
担をしておく）

　・最後は終わる感じにするため，ラで終わる。

第2次（3時間）

　①雅楽《越天楽》の特徴に気付いて，そのよさや面白さを感じ取って聴く。

　・雅楽の歴史や「打ちもの」「弾きもの」「吹きもの」の楽器についてDVDを見たり，教師の話を聴
いたりして知る。

　・篳篥の唱歌を右手で拍を取りながらうたい，《越天楽今様》との違いを感じ取り，ワークシートに
記入する。

　②ゲストティーチャーの演奏を聴き，雅楽《八木南》をつくる方法を考える。

　・ゲストティーチャーの篳篥の演奏を聴いたり，打ち物を体験したりする。

・《越天楽今様》と雅楽《越天楽》の違いを聴き取りながら，雅楽《八木南》をつくる方法を考え，自分の考えを発表したり，友だちの意見を聴く。

③雅楽《八木南》をつくって発表する。

・前時の話し合いを元に雅楽《八木南》をグループでつくる。

・つくった雅楽《八木南》をグループごとに発表する。

6．本時の学習指導（4／5時）

(1) 本時の目標

ゲストティーチャーの演奏を聴いたり，打ちものを体験して，雅楽《八木南》をつくる方法を考える。

(2) 本時の展開

学習内容（○）と主な学習活動（・）	教師の働きかけ（●）と評価（★）
・本時のめあてをつかむ。	
ゲストティーチャーの演奏を聴いたり，打ち物の体験をして，雅楽《八木南》をつくる方法を考えよう。	
○ゲストティーチャーの篳篥の演奏を鑑賞し，篳篥の唱歌を習う。 雅楽《越天楽》の特徴をワークシートに記入する。 ・篳篥の音色がすごい。 ・《越天楽今様》とリズムが違う。 ・雅楽《越天楽》は4拍子とずれている。	●《越天楽今様》と唱歌の違いを視覚からもわかるように，それぞれの楽譜に注目させる。 ●違うところを歌って確かめさせる。 ★違いを耳からも目からも感じ取り，ワークシートに記入している。
○3つのグループに分かれて打ち物の体験をする。1鞨鼓　2楽太鼓　3鉦鼓 ・鞨鼓は細かく打つところがむずかしい。 ・楽太鼓は打つまでの動きがおもしろかった。 ・鉦鼓は鉄琴みたいな音がした。	●鞨鼓は締太鼓を縦に置いて，両面を打てるように，楽太鼓は大太鼓を2つのばちで，鉦鼓は当り鉦（あたりがね）を鉄琴のマレットで打てるように準備しておく。
○ワークシートや体験したことを持ち寄り，速度・リズム・音色を工夫して，雅楽《八木南》をつくる方法を考え，発表する。 ・《八木南今様》の旋律を雅楽の特徴的なリズムに変えて，リコーダーで吹いてみてはどうか ・体験した雅楽の楽器を入れて合奏にしてはどうか ・ゆっくり演奏すると雅楽らしくなるのではないか	●今まで学習したことを示して，方法を考える助けにする。 ★今までの学習を元に，雅楽《八木南》をつくる方法を主体的に発表している。
・次回は話し合ったことをもとに，グループごとに雅楽《八木南》をつくり，発表する事を知る。	●発表されたことの中から次時への意欲付けになることを取り上げてまとめる。

（茂木日南）

4　実践事例
ガムランのコロトミー構造に着目した実践

1．題材名「世界の音楽を味わおう～インドネシアのガムラン　循環する音楽～」（中学校第３学年）

2．育てたい音楽科の資質・能力

【技能】　・ゴング等の楽器の音を聴き取り，節目の役割を感じながら表現する。

【知識】　・インドネシアのガムランはコロトミー（音楽的句読法）構造の音楽であることを理解する。

【思考力・判断力・表現力等】　　・ガムランの音楽を通してインドネシアの音楽と社会的背景との
　　　　　　　　　　　　　　　　つながりを考え，表現に生かす。

【学びに向かう力・人間性等】　　・どの国の音楽にも独自のよさがあることを知り，自分の音楽観
　　　　　　　　　　　　　　　　を広げようとする。

3．育てたい汎用的資質・能力

・新しい見方・考え方や多様な見方・考え方に柔軟で，世界の音楽に主体的に関わろうとする。

・音楽をその社会的・文化的背景と結び付けて理解する。

・他者と協力し，工夫してよりよい演奏をする。

4．教材

①ジャワのガムラン《ベンドロン》（lancaran Bendrong）

（参考映像：https://www.youtube.com/watch?v=X8XL_Qd9E3s （参照 2019-08-30））

②ジャワの舞踊《クロノ》（Krana Topeng）

（参考映像：https://www.youtube.com/watch?v=bJTNwwzP-OM （参照 2019-08-30））

▲《ベンドロン》数字譜

5．指導計画（２時間）

第１次（１時間）（本時）

①《ベンドロン》を聴き，メロディーとゴング等の節目
　楽器の音を聴き取る。

②ランチャラン形式とコロトミー構造を知る。

③グループで楽器を分担して《ベンドロン》のエアー合
　奏をする。

④コロトミー構造についてまとめ，ガムラン音楽の特徴
　や雅楽との共通点について考える。

第２次（１時間）

①代替楽器を用いて，グループで《ベンドロン》の合奏をする。

②《ベンドロン》で踊られる舞踊《クロノ》を鑑賞する。

③インドネシアの地理的，社会的，文化的背景，および多民族国家であることを知り，音楽と社会と
　のつながりを考える。

▲コロトミー構造図例

６．本時の学習指導（１／２時）

(1) 本時の目標

ガムランのコロトミー構造を理解し，《ベンドロン》をグループでエアー合奏することができる。

(2) 本時の展開

学習内容（○）と主な学習活動（・）	教師の働きかけ（●）と評価（★）
○世界の音楽を学習する雰囲気をつくる。 ・ガムラン音楽を聴き，どこの国の音楽か考える。 ・インドネシアの音楽であることを知り，どんな特徴の音楽か興味を持つ。	●世界地図等を用意し，イメージを持たせる。 ●バリ島のガムランやケチャを既習していれば関連付ける。
○本時の目標を確認する。　ガムラン音楽の構造を知り，協力してエアー合奏しよう	
○《ベンドロン》を聴く。 ・どんな楽器が使われているか予想する。 ・ガムランの映像（教科書の写真等）を見て，10種類以上の楽器が使われていることを知る。 ・何度か聴き，中心になるサロンの旋律とゴングの音を聴き取る。	●繰り返し鳴る音に注目させ，音楽構造に興味を持たせる。 ●旋律の高低を手でなぞる，ゴングの所で挙手するなど，アクションさせて理解を助ける。 ★聴きながらアクションできているか。 （活動観察）
○ランチャラン形式とコロトミーを学習する。 ・16拍ごとにゴングが鳴ることと，節目楽器であるクノン，クンプル，クトゥの位置を知る。 ・《ベンドロン》を何度も聴き，節目楽器（クトゥの代わりにボナン）の音を聴き取る。	●ワークシート等を用意し，聴き取った音と形式を結び付ける手助けをする。 ●ゴング，クンプル，クノン，クトゥ，サロンの映像や音を用意し，聴き取りを助けるとともに，演奏のイメージを持たせる。
○《ベンドロン》をエアー合奏する。 ・５〜７人程度のグループに分かれ，楽器を分担し（各楽器１人，サロンは複数可），サロンは数字で，節目楽器は楽器音を各自で工夫して唱えながらエアー合奏をする。 ・繰り返し練習し，節目の役割を感じながら全員が協力して１つの音楽を作る楽しさを味わう。 ・グループで発表し，合奏を上手に行うための工夫を共有する。	●生徒が《ベンドロン》を聴いたり，合わせて練習したりできるような環境を用意する。 ★主体的に活動に取り組み，エアー合奏を楽しんでいるか。（活動観察） ★協力し，工夫してよりよい演奏をしようとしているか。（演奏観察）
○学習のまとめをする。 ・ガムランと同じように循環する時間感覚には，どのようなものがあるか考える。 ・次時は《ベンドロン》を代用楽器で合奏することを知る。	●時間や四季に通じ，また雅楽の打ちものにもコロトミー構造が見られることを補足する。 ●音色を手掛かりに，各自，代用楽器を探して用意することを伝える。

（大田美郁）

5

アジアの音楽と日本の音楽

(1) アジアの中の日本

　世界地図を広げて，アジアにはどんな国々があるのか，日本はアジアの中のどこにあるのか見てみよう。この国々は日本とどんなつながりがあるのだろう。その音楽を私たちはどれほど知っているだろう。

　古来日本は中国と朝鮮半島の国々から音楽を学び，752年の東大寺大仏開眼供養会では数種類の外国音楽が披露された。そのとき用いられ現在正倉院に収蔵されている螺鈿紫檀五絃琵琶は，ラクダに乗った西域の楽人の意匠とともに当時の国際交流の様子を夢想させる。雅楽はとてもインターナショナルな音楽だったが，千年以上も日本で伝承される間に日本独自の音楽になった。音楽が人から人へと伝わる中でアジアのたくさんの国の影響を受け，現在の日本の音楽文化ができている。日本は深くアジアとつながっているアジアの一員なのだ。

(2) アジアの音楽の指導の意義

① 第3の音楽

　私たちは日常学校で，西洋音楽の様式で作られた音楽を基本として学び，日本のわらべうたや民謡，郷土の音楽や伝統的芸術音楽を「我が国の音楽」として，それ以外の音楽を「諸外国の音楽」として学ぶ。

　五線譜を用いた音楽の学習を通して，私たちは無意識に「音楽にはドレミがある」「拍子は強拍から始まる」といった基準を持つ。しかし，日本の音楽の学習を通して，日本の音楽には西洋音楽とは違う基準があることを実感する。この実感を確かなものにするのが第3の音楽，つまり諸外国の音楽の学習である。多様性を理解するためには，国や民族が違えば音楽の基準も

異なることを知ることが非常に大切であり，諸外国の音楽は私たちが多様性を知るための鍵となる。中でも最初に取り上げたいのがアジアの音楽である。

② アジアは隣人

　日本と地理的に近いアジアの国々の音楽には，日本の音楽との共通点がたくさんある。使われている楽器や五音音階のメロディー，2拍子系のリズム，民謡などの無拍節のリズムやコブシなど，西洋音楽とは違う特徴が見られる。共通点があることでお互いの関係に気付くことができ，親近感をもつこともできる。

　一方でアジアの国々には多くの民族が暮らしており，それぞれが独自の音楽や芸能を大切にしていることで，非常にバラエティー豊かな世界が広がっている。それらを聴いたりその在り方を見たりすることで，世界にはいろいろな音楽があること，それぞれが違うから面白く豊かであることなどを実感し，違いを肯定的に認め多様性を理解することができる。

　このように，アジアの音楽は自分との関係性が深い隣人の音楽であり，日本の音楽を映す鏡でもあり，世界の音楽と日本の音楽をつなぐ架け橋でもあると言える。

(3) アジアの音楽の指導の視点

① 聴く

1) 特徴を聴き取る

　教材の音楽をよく聴いて，音楽を特徴づけている要素（音色，リズム，速度，旋律，強弱，音の重なり，拍，フレーズ）や，声や楽器の特徴を聴き取る。特徴的な部分を，短く限定して繰り返し聴くことも効果的である。その際，西洋音楽の基準の良し悪しで判断しないように気を付ける（例えば音程が悪い，など。音程の基

準は民族により異なる）。そして，なぜそのような特徴の音楽なのかを考える。

2）比較して類似点と相違点を知る

アジアの音楽と日本の音楽，あるいはアジアの音楽同士を比較して聴き，似ている所と違うところを探す。類似点はつながりであり相違点は特徴であると考え，お互いの関係性を知るとともに，それぞれの違いが多様性を生み，音楽の世界を豊かにしていることを知る。また，日本の音楽に固有の特徴にも気付くことができる。

②　体験する

1）鑑賞の一部として

歌の一節を歌う，特徴的なリズムを叩く，曲の変化に合わせて動くなど，鑑賞しながら，指導のポイントの部分を取り出して体験する。理解のためなので短く分かりやすい部分が適している。特徴を理解して聴くという，聴き方を育てることにつながる。

2）表現として

その国の言語で歌う，代替楽器等を用意して音楽を再現する，その音楽に特徴的な音楽の仕組み（反復，呼びかけとこたえ，変化，音楽の縦と横との関係など）の要素を取り出して創作活動を行う，など表現活動に挑戦する。教材曲をよく聴き，特徴の再現に努める過程で音楽への理解を深め，西洋音楽とも日本の音楽とも違う基準を体験することで音楽観を広げる。

③　背景を学ぶ

1）文脈の中で理解する

音楽は人間が生み出すものであり，それぞれの音楽には社会的・文化的背景がある。その国の地理，言語，食事，衣装，民族，歴史，宗教などについて調べ，音楽を単体としてではなく社会や文化とのつながり，いわば文脈の中で理解することはとても重要である。自分も含め，どの民族にも大切にしている音楽があり，音楽は社会や文化の一部であることを理解する。

2）音楽を通してアジアの国とつながる

自分のクラスや学校の，あるいは地域に住んでいる外国にルーツを持つ友だちの音楽を知り，その国や友だちを理解する一助とする。地域に

その音楽を演奏できる人がいれば，生で聴かせてもらい，教えてもらうことができる。グローバル社会である現代を生きる子どもたちに，自他の特徴を知り，互いの違いを認め，音楽を通してコミュニケーションを図り，共生・共存する力を育てる。

（4）アジアの音楽の特徴

アジアの音楽と楽器の特質について、櫻井哲夫氏は次のように紹介している。

①　リズム

長い周期を持つリズムパターン，「偶数の原理」によるリズム構成，合奏形態における重層性，付加リズムを含む複雑な組み合わせと分割法，無拍節な音楽の重要性などが際立っている。

②　音階

全体的に5音または7音音階が主流で，その音律は確定された絶対音高ではなく，間隔に幅を持った音どうしのゆるやかな結合関係が重視されている。

③　メロディー

音のメリスマ的な動き，コブシや揺り，ポルタメント的な技法が多くみられる。

④　楽器

材質的には竹，絹，金属に集約され，そこから特有の音色や奏法，ゴング類の発達，「噪音文化」が育った。

これらを手掛かりに探せば，たくさんのつながりが見つかるところがアジアの音楽学習の楽しさではないだろうか。

（大田美郁）

参考文献

櫻井哲夫 (1998)「アジアの音楽と楽器の特質」『日本音響学会誌』54(9),pp. 651-656.
（https://www.jstage.jst.go.jp/article/jasj/54/9/54_KJ00001451102/_pdf（参照2019-08-30））

第VIII章

能　楽

1

能楽の学習内容

(1) 能楽とは

中世に興隆した仮面歌舞劇。能とは、からだを使ったわざ、技芸全般を指し、かつては「猿楽の能」「田楽の能」「延年の能」等と言ったが、今日では「猿楽の能」のことを、能または能楽と称する。能と狂言の両方をあわせて能楽ともいう。

(2) 能の歴史

猿楽の能の直接の祖先は、大陸から渡来した散楽である。散楽は元々、曲芸、歌舞、物まねなどを含んだ雑技であったが、次第に滑稽な物まね芸から笑いを伴う劇にまで進展した。南北朝時代から室町時代にかけて急速に発展した猿楽の能は、各地で大寺院の庇護を受けながら、同業者集団としての「座」を結成した。大和猿楽の四座、近江猿楽の六座などである。

大和猿楽の役者のひとり、観阿弥は、時の将軍、足利義満の保護を受け、猿楽能の芸をおおいに高めた。京の貴族たちの好みに合わせ、田楽や曲舞など他の芸能からも諸芸を貪欲に摂取し、観阿弥の息子、世阿弥とともに、今日に通じる能楽の演劇的および音楽的な基本構造を確立した。

能楽の現行演目は240番ほどであるが、これらの演目は「初番目物、二番目物、三番目物、四番目物、五番目物」(「神・男・女・狂・鬼」ともいう)の5つに分類される。これはかつて、一日に能を五番演能する五番立ての番組編成が正式であったことに由来する。

(3) 能の役割分担と能舞台

能は、役に扮する立方、斉唱で謡を謡う地謡方、楽器を担当する囃子方の三者によって成り立つ。立方のうち、能における主役をシテ、シテに相対して物語を引き出す者をワキという。

能舞台では、87頁の図のとおり、それぞれの者が座る位置は決まっている。能舞台で特徴的な橋掛りの機構は、単なる通路ということではない。本舞台と橋掛りを別々の空間世界と見立てる等、演能の演出上、効果的に用いられる。

橋掛りの脇には、3本の松が植えられている。橋掛りの突き当りには、五色の揚幕が下がっている。鏡板には、松の絵が描かれている。舞台と客席を隔てる幕はない等、能舞台には様々な決まり事があり、それらすべてに歴史的背景や文化的意味がある。

(4) 能の音楽的特徴

① 能の謡

謡には、セリフに相当する「コトバ」の部分と、旋律的な「フシ」の部分とがある。「コトバ」の部分にも、明確な型がある。型に則りながら、天人、漁師などそれぞれの役柄によって、型に込める表現を変化させる。

1) 強吟と弱吟

「フシ」の部分では、弱吟と強吟の2つの謡い方がある。弱吟は優美、温和といった場面で用いられるのに対し、強吟は勇壮、豪快といった場面で用いられる。

元々は、弱吟の謡い方だけであったのが、そこから強吟が発声法や息遣いの違いから派生したと考えられている。弱吟、強吟、それぞれの音階を譜例1に示す。謡の音階は本来、相対的なものである。

弱吟の音階は、下音、中音、上音がそれぞれ、4度音程を成す。これらの音は、音階の中で安定した音である。この3つの音を小泉理論

譜例1　謡の音階

でいう核音と見なすと，中音 - 中ウキ音 - 上音は，律のテトラコルドとなっていると言える。

　強吟は，音程よりも息扱いや発声法の視点を優先させたため，上音と中音，下の中音と下音がそれぞれ同音高という，西洋音楽の発想では考えられない特殊なものになっている。

2) 謡のリズム

　謡は，拍のある拍子合の部分と，拍の無い拍子不合の部分とに分けられる。「コトバ」の部分は全て拍子不合である。「フシ」は，拍子合の部分も拍子不合の部分もある。

　拍子合のリズム型（ノリ型）には，平ノリ，中ノリ，大ノリの3種類がある（図1）。大ノリは，1拍に1字を配し，中ノリは，1拍に2字を配する，リズムとしては明快でわかりやすいものとなっている。平ノリは，1拍，3拍，5拍で拍が伸びるリズム（字配り）となっている。これが最も謡らしいリズムなので，平ノリと言う。

②　能の囃子と楽器

　囃子方の楽器には，能管，小鼓，大鼓，太鼓（締太鼓）がある。各楽器とも，1楽器を一人が担当する。4つの楽器を総称して，四拍子とも言う。

　能管は，管の内部にノドという機構があることで，フクラの音からセメの音へ，つまり同じ指づかいで息のスピードを速めて1オクターブ上の音を出そうとしても，譜例2のような音になる（能管は個々の楽器でそれぞれ音律が若干異なるため，譜例2に示した音高は絶対的なものではない）。これが，能管が音痴な笛と言われる所以である。能管から生み出されるこのような音とその音色が，能楽独特の幽玄な雰囲気をかもし出す。

　譜例3は，能管の楽譜の一例である。舞の部分で演奏される「中ノ舞」の冒頭で，「ヲヒャー」などは，能管の音色をカナで表した唱歌である。4行目のパターンを「呂ノ中」，5行目を「干」，6行目を「干ノ中」，7行目を「呂」という。冒頭の「掛リ」の後，この4行を何回か繰り返す音楽構造となっており，このような音楽の形式を呂中干形式という。

　小鼓，大鼓はともに砂時計型の胴と2枚の革から成る打楽器である。小鼓は湿気を与えることにより，革の状態を微妙に調整し，左手の調緒を締めたり緩めたりすることで，タ，ポン，チといった多様な小鼓の音色を打ち出す。対して大鼓は，演奏前に革を炭火であぶって乾燥させ，右手の中指と薬

図1

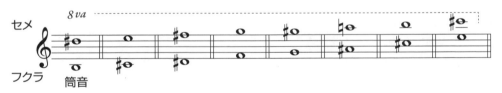

譜例2　能管の音高

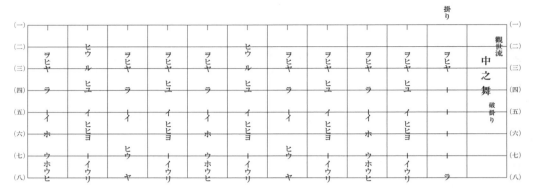

譜例3 能管の楽譜

指には和紙を糊で固めた指革（ゆびかわ）をはめて，鋭い男性的な音を打つ。

（3）能の指導のポイント

① 謡や囃子の体験

　能の謡でも，囃子の一部でも，自分自身で謡ってみる，唱歌（しょうが）を通してそのリズムを体験してみることが鑑賞の深まりにつながる。

　謡の旋律には型がある。「セリフ」にも型があるし，「フシ」にも型がある。すなわち定型的な音の動きがある。例えば弱吟で，上音から中音に移る時，直接，中音に移ることはなく，必ず中ウキ音を経過する，等である。この「型」があるからこそ，謡の一部分を謡ってみると，謡っていない他の部分も聴き取れるようになるのである。

　能管の「中ノ舞」の唱歌をうたう。音源に合わせてうたうことで，能管のいわゆる音痴な音が，呂中干（低中高）を移行していることがわかる。また，途中で「段をトル」と言って，テンポがゆっくりになる部分があるが，そうした楽曲の中の緩急も唱歌をうたうことで実感できる。

　《翁》は，能にして能にあらずと言われる，能の古態を残す儀礼的な演目である。《翁》の「三番叟（さんばそう）」の「揉（もみ）

之段」の小鼓のリズム（**譜例4**）を，唱歌でうたったりエアー小鼓で身体を動かしたりしてみると，延々と繰り返されるリズムが，演者を次第に高揚させていくことが理解できる。

② 総合芸術としての能

　音楽科の授業では，能の声や音・音楽にまず焦点を当てることは当然であるが，能はまずもって演劇であり，物語と音楽と舞とが一体となった総合芸術である。志民が指摘するように（89頁），面（おもて）をつけた状態で発声する謡の声のあり方，またスリ足という身体の動きと発声との関連等，すべての要素は互いに関連し合っている。総合芸術として，例えば以下のような多

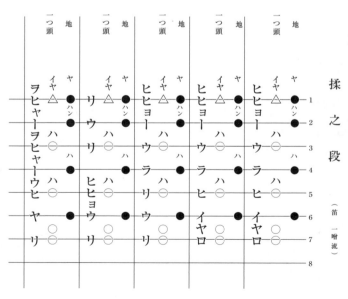

譜例4 揉ノ段

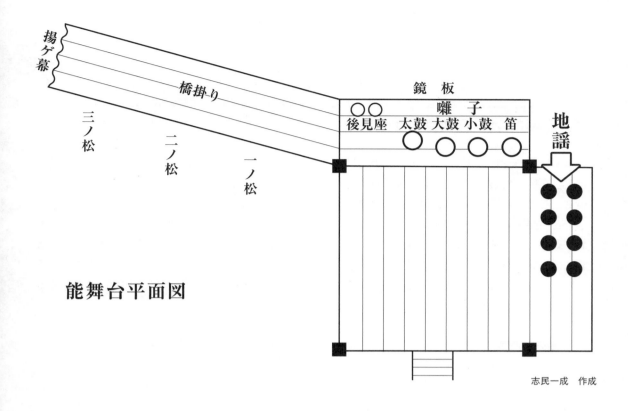

能舞台平面図

揚ゲ幕

橋掛り

三ノ松　二ノ松　一ノ松

鏡板

後見座　太鼓　大鼓　小鼓　笛

囃子

地謡

志民一成　作成

様な視点から能を捉えることで，能の音楽的側面の理解も深まっていくと考える。

　能の身体に着目する。まず，カマエ（構え）。身体の中心である臍下丹田（へその下10cmくらいの所）を意識し，腰を入れてひじを張り，重心はやや前にかかった形とする。カマエは，すぐに次に動き出せる形であり，装束を着けた時に最も美しく見える姿でもある。次にスリ足。スリ足は，一足ごとに身体が上下しないように，左右に振れないように，なめらかに身体を運ぶ。静かでぶれのない動きは，緊張感がありながら美しい。自分の身体を通してその素晴らしさを実感しよう。

　能の動きの一つひとつは，ある意味，抽象的な型であり，型の連なりである。抽象的な型が組み合わさって，見る人に何らかのイメージをもたらすのだと言う。また，舞台上に置かれる「作り物」という舞台装置も，非常に簡素に作られ，見る人のイメージに委ねられる部分がある。能は不要なものを削ぎ落とし，高度に抽象

化・様式化した芸能とも捉えられ，舞台上の様々なルールを知ることで鑑賞が深まる芸能だと言える。

　その他，能装束を彩る様々な文様の意味を知ったり，能面の造形の奥深さや，面を付けることによって視野がどう変わるか，声の響きがどう変化するか等，総合芸術ならではの多様な視点から切り込んで授業をつくって行くことができる。

（本多佐保美）

参考文献
観世清和・表章（1992）『観世宗家―幽玄の華』朝日新聞社.
野村四郎・北村哲郎（1997）『能を彩る文様の世界』檜書店.
安田登（2006）『能に学ぶ深層筋トレーニング』（DVDブック）ベースボール・マガジン社.

2

能の謡の声

（1）能楽における謡の位置付けと特徴

　能楽においては，主に「謡」と呼ばれる声楽と「囃子」と呼ばれる器楽が音楽面を構成している。ここでは「謡」の声について，音楽科の学習との関連の視点で見ていくことにする。なお，謡でうたう能の詞章のことを謡曲と呼ぶ。謡には，シテやワキと呼ばれる演者が台詞とその延長としてうたうものと，地謡と呼ばれるいわばコーラス隊が舞に合わせてうたうものとがある。

① 地謡と地頭

　謡を担当するコーラス隊である地謡は8名程度で構成され，客席から舞台に向かって右側に2列で並んで座っている。後列の中央付近にリード役の「地頭」がいて，謡を主導する役目を担っている。地頭は自分勝手にうたうのではなく，周りの地謡のメンバーはもちろん，シテやワキの動きや科白，囃子方の音を常に把握し，随時，声の高さやタイミングなどを判断しながらリードしているのである。

　こういった地謡の仕組みに気付き，地頭と地謡の役を実際に教師と子供，また子供同士で担当し合いながら，どのようにタイミングを合わせたり，間などを生み出したりしているのかについて，うたうことを通して実感を伴って理解することも意義があるだろう（能舞台と地謡の図は87頁参照）。

② 謡の歌唱法「吟型」

　謡の歌唱法としては，場面によって「ヨワ吟」と「ツヨ吟」と呼ばれる二つの吟型がある。能本来のうたい方である「ヨワ吟」は，旋律的で息遣いは柔らかく，優美な声が特徴である一方，「ツヨ吟」は厳粛で力強く，息遣いも強く，いわゆるヴィブラートに似た声の揺れが特徴である。それぞれ対応する音階や節があり，二つの

吟型による性格の違いをより一層明確にしている。「ヨワ吟」の代表的なものとしては，「羽衣」の最後の部分「東遊の数々に～」などが挙げられる。一方「ツヨ吟」の例としては，「船弁慶」の「知盛の名ノリ」などが挙げられる。

　謡に関わるこれらの知識については，鑑賞の学習においても聴き深める上で重要となるとともに，歌唱の学習として謡を扱う際にも，うたい方を工夫していく上で大切な内容であると言えよう。

（2）謡曲の発声法と身体の使い方

　謡曲の声というと，どのようなイメージがあるだろう。イメージが漠然としているのであれば，まず音源を聴いて確認してみてほしい。例えば，声に迫力や重々しさを感じたり，独特な声の揺れに着目したりした人もいるだろう。これら我々が感じる謡曲の発声の独特なうたい方は，どういった背景から来ているのだろうか。

　ここでは，謡曲の歌唱における発声法と身体の使い方について，小島（1985）における記述を確認しながら，見ていくことにしたい。小島は，謡曲の呼吸法について，他のジャンルの歌唱との共通点も指摘している。

> 一般に舞台で使われる音声は遠くまで通る必要があるが，謡の発声には他の声楽にくらべると独特なところがある。呼吸法は普通の声楽と同様に肩を動かさない<u>腹式呼吸法</u>を使い，たてまえとしては<u>終始腹に力を入れてうたう</u>ことになっている。（p.27）
> 　　　　　下線は筆者による（以下同様）

　いわゆる「腹式呼吸」と呼ばれている横隔膜を主に用いた呼吸法である点は，他の声楽などと共通しているが，謡曲においては「終始腹に力を入れ」る点が独特であると述べている。そ

の具体的な方法として，以下のように説明されている。

> 実際に謡をうたう場合，横隔膜を前下方に押しつけるようにして腹部をひろげる力は，次の息継ぎまで意識的にはゆるめてはならない。肺の中に蓄えられた空気が，声帯を振動させるために徐々に使われるにつれて，その力は自然にゆるめられる。昔から謡の声は腹に力を入れて出せと言われてきた所以である。(p.149)

実際に能楽師がうたい方について指導する際，「横隔膜を前下方に押しつけるようにして腹部をひろげる」と同じような表現をすることが多い。類似した意識は，他のジャンルの歌唱においても存在するが，謡においては，より一層強調されているようだ。しかしながら，小島は「腹に力を入れる」という点には注意が必要だと指摘している。

> 謡曲では昔から腹に力を入れてうたえと言われてきた。しかしこの教えが曲解されて，のどにも力が入りなにわぶしのような発声になることがある。共鳴をよくするためには，のどをしめつけたり，頸部を圧迫してはいけない。あごを引いて且つ首の筋肉をゆるめておく必要がある。のどと口腔は十分に開かれていなければならない。口腔を広く保つと言うことは，必ずしも口を大きくあけることではない。広くあけておく必要のあるのは口腔の内部であるから，口を上下に大きくあけず，静かにあくびをかみころす時の感じがよい。能に使用する仮面は比較的小さいから，口を上下に大きくあけすぎると，面の下方に口がとび出す可能性も出てくる。古来謡では一文字（左右）に口を開くように言い伝えられてきた。従って，謡の声には，他の声楽よりも，口腔共鳴の要素が強くあらわれる。(p.151)

このように腹に力を入れることと，首やのどに力を入れることを混同してはいけないと注意を促している。この点では，他の歌唱とも共通点が見出せるだろう。また大変興味深いことは，

下線部にあるように，仮面劇である能楽の性格と発声との関わりについて指摘している点である。このことについて，さらに次のように述べている。

> また能は仮面を使う演劇であるから，常にあごをひき，口は左右一文字にあけてうたうように教えられる。（中略）謡の独特な発声法は，能が「語り物」的性格の強い仮面を使う歌劇である，と言う制約の下に生まれたと考えられるが，実際に発せられる声は人によってかなり違う。(p.27)

このように，総合芸術であるという側面から発声を捉えることも，重要な視点であることに気付かされる。実際に面（本物である必要はないだろう）を掛けてうたってみるという体験も，うたい方について考えたり工夫したりする際に有効な手立てとなり得るだろう。総合芸術という点で言えば，演者（立方）の歩き方とも関連が指摘できよう。シテ方が歩く時の独特な歩き方「摺足（すりあし）」に代表される身体の使い方も，自ずとうたう際の発声に影響してくるだろう。実際にすり足をしながらうたうのも，うたい方を工夫したり，歌唱の技能を習得したりする上でヒントになることがあるだろう。

（3）謡を通した能楽の授業構想

ここで見てきたように，授業構想を考える上で，能楽の謡は舞台でうたわれる歌唱であるということ，そして総合芸術における音声表現であるということを念頭に置くことが重要になる。また，能楽と歴史や他の文化との関わりの視点も，学びを豊かにするだろう。そういった能楽の特徴や背景となる文化との関わりで謡を捉えることによって，子供自らが考え歌唱表現を工夫する学習活動を展開できるようにしたい。

（志民一成）

参考文献
小島英幸（1985）『謡曲の音楽的特性』音楽之友社.

3　実践事例

能楽の指導　比較鑑賞とICTの活用

1．題材名　能を楽しもう（小学校第6学年）

2．育てたい音楽科の資質・能力

【知識】　能の謡や能楽囃子の特徴を感じ取り，その面白さやよさ，美しさを味わって聴く。

【思考力・判断力・表現力等】　能の謡の発声，能楽囃子のリズム，音色などの面白さを感じ取りながら，能にふさわしい表現を工夫し，自らの願いや思いをもって表現する。

【学びに向かう力・人間性等】　鑑賞と体験を通して，能に興味・関心をもち，主体的に能に親しむ。

3．育てたい汎用的資質・能力

・体験学習などで，主体的に能を体験しようとする。

・国際社会に生きる日本人として我が国の文化に誇りをもつ。

4．教材

①能《羽衣》のキリの部分

　《羽衣》は優雅で美しい謡や舞を持ち，日本各地に伝わる羽衣伝説を取材してつくられたもので親しみやすい内容であることから，鑑賞と体験活動用の教材として選択した。

②《もののけ姫・序の部》について

　山内雅子・大原啓司編著『授業や音楽会ですぐに使える楽しい箏楽譜集』（音楽之友社）の中の《もののけ姫・序の部》を選んだ。この曲は久石譲作曲の《もののけ姫》の旋律に能楽囃子を合わせたもので，能の特徴を十分に表現することができる。小鼓の4つの基本の音「タとポ」，大鼓の強く打つ音「チョ」，掛け声の「よぉ」が能楽囃子の特徴を出している。

5．指導計画（全6時間）

第1次（2時間）

①能の特徴をまとめる。

1）能《羽衣》のキリの映像を見せ，次の3つの音のうち，どれがあてはまるか想像する。

　　・雅楽《越天楽》の音　　・長唄《勧進帳》の音　　・能《羽衣》の音

2）答え合わせ，能の《羽衣》であることを確認し，能の特徴について気付いたことを発表する。

3）能の特徴を整理し，《羽衣》のあらすじを電子黒板で見たり，謡や楽器に注意して《羽衣》のキリをDVDで鑑賞する。

②謡をうたったり，能楽囃子に親しむ。

1）《羽衣》のキリの謡をうたえるように

表1　言葉と音程の表

```
    うま　あ
あーず　　　　アそオびイの　かーずかーずーにー
　　　オ　なーも　　　　　　　イろ　び
そーの　　　　　オつ　き　のーい　　　いとオはー
　アん　　　オや
さ　　ン　ご　　アちーうのーそーらーにーまーたー
　　　アんんし　ンにょ　　　　　　　　オな
まアんが　　　イん　　オの　かーげと　　アリ
　　アんン　　ンま　　　　　　　ウどー
ごーが　　　　ん　　　　こーく
　　　　　え　　アん　　　　　じょおじゅう
```

する。能の謡は既習の西洋の音楽のように楽譜がないため，音程や音価をどうとらえたらよいのかわからない児童が多く，とまどっていた。そこで，ゲストティーチャーの資料をもとに**表1**「言葉と音程の表」を作り，音程を取る手がかりにした。「正確な音程をとろうとするよりも，初めは同じ音程の音が並んでいると思ってうたって，慣れ，次第に音程が上がり下がりする所を覚えていけばよい。」というアドバイスも助けになった。

2）《もののけ姫》の旋律をリコーダーで吹いたり，能楽囃子の口唱歌を唱える。能楽囃子の練習は《もののけ姫》の旋律に合わせながら，はじめは口唱歌で，次に手拍子，最後は打楽器に移行しながら行った。

第2次（2時間）

①鶴亀座の《羽衣》を鑑賞する。

②能の特徴を感じ取りながら，実際に能を体験する。

　　1）全員で謡や小鼓について鶴亀座の指導を受ける。

　　2）体験活動　5つのグループに分かれて体験する。

> ①仕舞 A
> ②仕舞 B
> ③締太鼓
> ④小鼓 A
> ⑤小鼓 B

　　3）代表児童が面をかける，能面をつける体験をする。

第3次（2時間）

音楽集会に向けて練習し，音楽集会で発表する。

①ゲストティーチャーの指導を思い出しながら，《もののけ姫》（能楽囃子を含む）を練習する。

②《もののけ姫》の発表。（箏とリコーダーと能楽囃子の合奏）

6．本時の学習指導（1／6時）

(1) 本時の目標　能の特徴をまとめよう

(2) 本時の展開

学習内容（○）と主な学習活動（・）	教師の働きかけ（●）と評価（★）
○能《羽衣》のキリの映像を見せ，次の3つの音のうち，どれがあてはまるか想像する。 ①雅楽《越天楽》の音　②長唄《勧進帳》の音 ③能《羽衣》の音 <ul><li>①と③のテンポが同じで，映像と合っている。②のテンポは速いので違うと思う。</li><li>太鼓の奏者がバチを打ちおろすタイミングと音が合っていない。</li><li>①の映像で，笛らしいものは吹いていないのに，笛の音がきこえるので①ではない。</li></ul> ・答え合わせ，③が能の《羽衣》であることを確認する。 ○本時の課題をつかむ。 　　能の特徴をまとめよう ・能の特徴について気付いたことを発表する。 ・能の特徴を整理し，ワークシートに記入する。 <ul><li>謡：発声・うたう時の姿勢・口の開け方・言葉</li><li>能楽囃子：楽器の音色（小鼓・大鼓・能管）</li><li>その他：面・装束・舞台・橋がかり・松など</li></ul> ○《羽衣》のあらすじを電子黒板で見る。 ○謡や楽器に注意して《羽衣》のキリを DVD で鑑賞する。	●電子黒板を活用し，クイズ形式で能の謡の声，楽器の音色やリズムに気付かせる。 ★楽器の音色や掛け声に気付き，映像と結びつけて注意深く聴いている。  ●答え合わせの理由となったことを元に特徴についてまとめるように声をかける。 ★ワークシートに能の特徴について記入している。 ●能が謡，能楽囃子，仕舞などからなる総合芸術であることに気付かせ，体験学習への意欲付けにする。

（茂木日南）

4 実践事例
能の謡の声に着目した指導実践

1．題材名「間を感じて謡おう～能《羽衣》よりキリの部分」（中学校第3学年）

2．育てたい音楽科の資質・能力

【知識】　・能について成立背景や仕舞，地謡，四拍子，舞台装置など基礎的な事項や歴史を理解している。

　　　　　・謡らしい声について理解している。

　　　　　・間について理解している。

【技能】　・能《羽衣》のキリの冒頭を謡うことができる。

【思考力・判断力・表現力等】

　　　　　・どのように謡うかについて思いや意図を持っている。

　　　　　・間を感受しながら謡の表現を工夫し，どのように謡うかについて思いや意図を持っている。

【学びに向かう力・人間性等】

　　　　　・能を通して我が国の音楽に興味を持ち，様々な観点から音楽的な特徴とよさを理解し，範唱に近づけようとしながら，自分なりに工夫して謡に取り組んでいる。

3．育てたい汎用的資質・能力

①基礎力　　・主体的に我が国の伝統音楽に関わる。

　　　　　　・自国の音楽文化のよさを，多様な観点から知る。

　　　　　　・知識・技能を活用する。

　　　　　　・ICTを利用し情報を収集し，活用する。

②思考力　　・他者と一緒に創造的に考える。

　　　　　　・新しい見方・考え方や多様な見方・考え方に柔軟である。

　　　　　　・根拠をもって自分の考えを述べる。

③実践力　　・主体的に対象に関わろうとする。

　　　　　　・創造的に考える。

　　　　　　・物事を多面的に捉える。

　　　　　　・多様性を認める。

4．教材

①能《羽衣》よりキリの部分，〽東遊びの数々に～国土成就まで

②能楽囃子「揉之段」より「ヒトツカシラ」（「ウケ」「ハシリ」「カシラ」）

5．指導計画（3時間）

第1次（1時間）

①曲の背景や能の特徴を学び，能の謡や仕舞の特徴，楽器(四拍子)に触れ，そのよさや美しさを感じ取る。

　1）能《羽衣》よりキリの部分を鑑賞する。

　2）謡う姿勢に注意して能《羽衣》よりキリの部分①（〽東遊びの数々に　東遊びの数々に）を謡う。

　3）エアー鼓を打つ。（「ウケ」「ハシリ」）

　4）息を意識し，謡う姿勢に注意して能《羽衣》よりキリの部分①を謡う。

　5）謡の特徴を感じ取ることができる。

第2次（1時間）

　①間を感じながら「揉之段」の「ヒトツカシラ」をエアー鼓で打ち，間を体感する。

　②能《羽衣》よりキリの部分②（〽その名も月の色人は　三五夜中の空にまた）を謡う。

　③鼻濁音の謡い方を工夫する。

　④範唱の真似をし，張りのある充実した声で謡うために工夫する。

第3次（1時間）

　①コミを取り，間を感じながら「揉之段」の「ヒトツカシラ」をエアー鼓で打つ。

　②能《羽衣》よりキリの部分③（〽満願真如の影となり　御願円満国土成就）を謡う。

　③これまで学んだことを活かして，間を感じ張りのある充実した声でキリの部分を通して謡う。

　④これまで学習した伝統音楽と能の地謡に共通する特徴をワークシートに記しグループで意見交換を行う。

6．本時の学習指導（2／3時）

(1) 本時の目標

　間を感じて謡おう

(2) 本時の展開

学習内容（○）と主な学習活動（・）	教師の働きかけ（●）と評価（★）
姿勢を正してお互いに礼をする。 前時のふりかえりから謡う姿勢を再確認する。 ○間を感じながら「揉之段」の「ヒトツカシラ」をエアー鼓で打つ。 ・小鼓の構え方と打ち方と掛け声。 ・「カシラ」の掛け声。 ・「ヒトツカシラ」を繰り返し打つ。 ・タイミングを揃えるために息を合わせる。 ・間について感じたことをワークシートに記入。 ○能《羽衣》よりキリの部分②を謡う。 （〽その名も月の色人は　三五夜中の空にまた） ・範唱に合わせて謡う。 ・鼻濁音と産み字の部分の確認。 ・個人練習（ICT機器活用）とワークシート記入。 ・グループに分かれて範唱に合わせて謡うために意見交換しながら謡い方を確認する。 ○範唱の真似をして張りのある充実した声で謡うにはどうしたらよいかグループで考える。 ・ワークシートに気づいた点と工夫点を記入し意見交換する。 ○グループごとに発表し全体で共有する。 ○全体で範唱に合わせながら①から②まで謡う。 姿勢を正してお互いに礼をする。	●能《羽衣》よりキリの部分の範唱を流す。 ●身体全体で打つことを伝える。 ●掛け声はお腹から声を出すことを伝える。 ●最初はゆっくりで始め，慣れてきたら少しテンポを速めたり遅くしたりしながら息を合わせる。 ●どうしたら揃うのか問いかける。 ●範唱を流す。 ●鼻濁音と産み字の部分を強調して謡い示す。 ●机間指導を通じて支援をする。 ●エアー鼓で感じた間に共通する点が見つからないか促す。 ●意見をまとめる ★謡らしい声について理解している。【知識】（ワークシート・発表） ★どのように謡うかについて思いや意図を持っている。【思考・判断・表現】（ワークシート・発表） ★能《羽衣》のキリの冒頭①②を謡うことができる。【技能】（演奏聴取）

（長谷川慎）

5 実践事例

能楽の足拍子のリズムをつくる

1．題材名「総合芸術　能の魅力に迫ろう《紅葉狩》」（中学校第３学年）

2．育てたい音楽科の資質・能力

【技能】　・謡の特徴を感じ取り，ふさわしい声の出し方や囃子の楽器との調和を考えて表現する。

【知識】　・地謡の謡と四拍子の器楽や舞を知覚しながら，伝統的な音楽劇である総合芸術を理解する。

【思考力・判断力・表現力等】

　　　　　・足拍子が生みだす特質を知覚・感受し，囃子の楽器と調和させて表現を工夫する。

【学びに向かう力・人間性等】

　　　　　・能の音楽や演技の特徴に興味・関心をもち，主体的に取り組む。

3．育てたい汎用的資質・能力

①基礎力　・主体的に伝統音楽に関わろうとする。

　　　　　・既習内容（歌舞伎など）と関わらせ，系統立てて能楽の概要を理解する。

　　　　　・謡や締太鼓，足拍子の体験に主体的に取り組む。

②思考力　・既習内容（能楽の概要）を元に，個人で場面に合った足拍子を考える。

　　　　　・他者と一緒に場面に合った足拍子を創造的に考える。

③実践力　・他のグループのよさを発見し，そのよさを明確な言葉で根拠をもって説明する。

　　　　　・他のグループと比較し，試行錯誤しよりよいものを目指す。

　　　　　・創作活動を通して，能楽の特質を発見し，興味・関心をもち，積極的に関わろうとする。

4．教材

①能楽《羽衣》

②《鉄輪》

③《紅葉狩》

創作活動で使用した
ワークシート

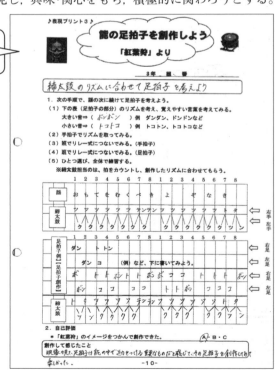

5．指導計画（6時間）

第１次（3時間）《羽衣・紅葉狩・鉄輪》

①能楽について概要を理解する。

　謡，締太鼓を体験する。《羽衣》

②謡，締太鼓を体験する。《紅葉狩》

③能楽の足拍子を体験する。《鉄輪》

第２次（3時間）《紅葉狩》

①足拍子を締太鼓に合わせて個人で創作する。

②足拍子を締太鼓に合わせて班で創作し発表する。

③《紅葉狩》の足拍子の部分を前時の創作活動と比較しながら鑑賞する。

　能の魅力を伝える紹介文を書く。

6．本時の学習指導（5／6時）

(1) 本時の目標

・能楽の醸し出す雰囲気を感じ取り，足拍子の表現を工夫することができる。

(2) 本時の展開

学習内容（○）と主な学習活動（・）	教師の働きかけ（●）と評価（★）
○前時の振り返りとして《紅葉狩》の一部分を映像で確認する。 ・地謡「角はかぼく〜様ぞなき」を映像を見ながら全員で1回うたう。 ○本時の目標を確認する。	●地謡に合わせた鬼の動作に注目し雰囲気を感じ取るよう促す。 ●うたい方を確認し声をそろえてうたうよう助言する。（姿勢・声の出し方・言葉の抑揚）
鬼女の雰囲気を感じ取り，足拍子の表現を工夫しよう。	
○前回の授業で話し合った足拍子の創作にあたっての工夫点を各班発表する。 ○班ごとに練習する。 ・練習時間と場所を確認する。 ・太鼓の扱い方の説明を聞く。 ・工夫点についての説明を聞く。 ・練習場所に移動し，班で考えた工夫点を確認しながら練習する。	●共通点や相違点などに注目して聞き，参考になることはメモをとるよう助言する。 ●締太鼓の打ち方は，基本パターンからリズムや強弱などを変更してもよいことを伝える。 ●練習しながら他の班の工夫点を参考に修正してもよいことを伝える。 ●鬼女の雰囲気を醸し出す足拍子は，どのような工夫が必要か考えるよう助言する。 ＜発問の例＞ 「鬼女は足拍子で何を表しているのだろう」 「どんな気持ちだろう」「楽しい」「悲しい」 ●生徒のつぶやきを拾い上げて紹介し，表現の参考にならないか問いかける。 ★足拍子の表現を創意工夫し，グループで試行錯誤しながら，主体的に取り組むことができたか。（観察）
○練習を終了し，各班発表する。 ・工夫点を書いたホワイトボードを黒板に掲示し，発表の前に班長は，その工夫点を言う。 ・プリントに気づいたことを記入する。 ・各班，気付いたことを発表する。	●各班の工夫点に注目し，よかったところと，自分たちの演奏（演技）と違ったところを見つけて鑑賞するよう促す。 ★太鼓と足拍子を調和させ，鬼女の雰囲気をイメージし，工夫した演奏ができたか。 （発表とワークシートの記述） ●他の班との相違点から，参考になったことを答えるよう助言する。
○今日の振り返りをする。 ・今日の授業を振り返り，自己評価をプリントに記入する。	●今日の活動を通して，能楽について気付いたことや感じたことをまとめるよう促す。

（松村尚子）

---

6 実践事例

能楽の鑑賞指導　《船弁慶》

1．題材名「能の音楽（謡）に親しもう」（中学校第3学年）

2．育てたい音楽科の資質・能力

【知識】 謡の体験を通して，謡の音色（謡の発声），リズム（ノリ），旋律（フシ），強弱（ツヨ・ヨワ）などの特徴を理解する。

【思考力・判断力・表現力等】 謡の特徴と物語の場面や登場人物の心情とのかかわりを理解して，主体的に能の音楽を鑑賞する。

【学びに向かう力・人間性等】 謡の特徴の一つであるツヨ吟とヨワ吟を聴き比べたり謡ったりして鑑賞に生かし，言葉で互いに伝え合う協働的な学習を通して能のよさを理解し，親しむことにより，日本の伝統文化を尊重する態度や国際社会を生きる日本人としての自覚，他の国の文化を尊重する態度を育む。

3．題材設定の趣旨

　能は650年以上一度も途絶えることなく現在まで続く，世界でも類を見ない最古の総合芸術である。古今東西を問わない喜怒哀楽のドラマがあり，謡や舞から場面や情景を思い浮かべ，登場人物の心情に共感し，想像力を膨らませて観るところに，能を鑑賞する楽しさや魅力があると考える。能の音楽を主体的に鑑賞することは，今後異文化に触れる機会が急激に増す社会に生きる子供たちにとって，言語によるコミュニケーションに加え，声や動き，表情や姿勢などから相手の思いや考えを想像し，相互の文化の差異や共通点を理解しながら共によりよい人間関係を形成する能力を育むことにつながると考える。また，生徒が楽しみながら能の特徴やよさを理解し，親しむことができれば日本の伝統文化を尊重する態度や国際社会を生きる日本人としての自覚，他の国の文化を尊重する態度を育むことができると考える。

　本題材では，謡の音色（謡の発声），リズム（ノリ），旋律（節），強弱（ツヨ，ヨワ）などの特徴やよさを感じ取らせたい。そのために，授業では能の音楽（謡）の特徴の一つであるツヨ吟とヨワ吟を聴き比べたり謡ったりして鑑賞に生かし，言葉で互いに伝え合う協働的な学習を取り入れた。音楽の言葉で特徴を語り合い，仲間と感動を共有する喜びや，感じ方に多様性があることに気付いて自分の感じ方も広がる楽しさを体験させたい。

　能の音楽は謡（声楽）と囃子（器楽）に分けられるが，本題材では謡に焦点を絞り，謡のツヨ吟とヨワ吟の，それぞれの特徴と物語の場面や登場人物の心情とのかかわりを音色，リズム，旋律，強弱などから感じ取って伝え合う協働的な学習や言語活動を行う。また，謡などの体験を通して特徴を感じ取ることによって，能への興味・関心を高めたり，能の音楽の鑑賞を深めたりする学習を展開する。

4．教材

　能《船弁慶》

5．指導計画（2時間）

第1次（1時間）

①能《船弁慶》の「東方降三世〜」の場面を視聴し，三線譜を見ながら謡を謡い，ツヨ吟・大ノリの雰囲気を，体験を通して感じ取る。

②どのように謡えば謡らしくなるかを考えながら繰り返し聴き，気づいたことを発表し合う。

第2次（1時間）

①ツヨ吟とヨワ吟（場面一：ツヨ吟「東方降三世〜」と，場面二：ヨワ吟「静は泣く泣く〜」）を聴き比べ，謡の特徴と物語の場面や登場人物の心情とのかかわりを予想し，発表し合う。

②それぞれの場面にふさわしい思いをもって謡い，自分たちの謡を聴いて感想を述べ合いながら，範唱に近づくことができるようにする。

③謡と，物語や心情とのかかわりを味わって鑑賞する。

発展学習（2時間）

本授業は2時間扱いであるが，3時間目の外部講師（能楽師　観世流シテ方　鵜澤久先生）を招いての謡と舞の体験活動や4時間目の能の鑑賞と紹介文を書く活動を発展学習として付記する。

第3次（1時間）

①能楽師の真似をしながら，「静は泣く泣く〜」の部分の謡と舞を体験して，人物の心情を理解し，思いや意図をもって謡ったり舞ったりする。

②謡と舞が一体となった総合芸術としての能の特徴やよさを，次時の鑑賞に生かすよう伝える。

第4次（1時間）

①能《船弁慶》を鑑賞する。

②これまでの学習を振り返り，能を知らない外国の人に対して能の魅力を紹介する紹介文を書き，まとめとする。

6．本時の学習指導（2／2時）

(1) 本時の目標

謡の表現の特徴に気付き，物語の場面や登場人物の心情とのかかわりを理解しながら，能の音楽を味わって鑑賞する。

(2) 本時の展開

学習内容（○）と主な学習活動（・）	教師の働きかけ（●）と評価（★）
○前時の学習内容を振り返る。 ・前時の学習内容を思い出しながら，能《船弁慶》（ツヨ吟：「東方降三世〜」）を全員で謡う。 ○能《船弁慶》の物語について理解する。 ○本時の目標を設定する。 ・能《船弁慶》の，義経と静御前が別れる場面について，登場人物の心情と音楽にどのようなかかわりがありそうか推測する。	●謡うときに大きな声で，姿勢よく，発音をはっきりと謡うよう促す。 ●相関図（パワーポイントで作成）を用いて，わかりやすく説明する。

謡と物語の場面や登場人物の心情とのかかわりを感じ取って聴こう

○謡の特徴と物語の場面や登場人物の心情とのかかわりを感じ取る。 ・ヨワ吟（「静は泣く泣く〜」）を聴き，場面や静御前の心情を謡でどのように表しているか，個人で考えたりグループで話し合ったりし，ワークシートに記入した後，発表し合う。	●場面や気持ちと音楽の特徴を，合わせて説明できるとなおよいことを伝える。 ●ワークシートにツヨ吟とヨワ吟それぞれの場面，気持ち，音楽の特徴を記入するよう伝える。

〈板書計画〉

		場面一（ツヨ吟）	場面二（ヨワ吟）
想像する	場面	弁慶の祈り	静御前の別れ
	気持ち	強い気持ち	悲しんでいる
聴き取る	音楽の特徴	リズムがある 強い声 旋律に抑揚がない	リズムがない 弱々しい声 抑揚がある

・謡の特徴と物語の場面や登場人物の心情とのかかわりを理解するために，思いをもって謡う体験活動をする。〔音色，リズム，旋律，強弱〕 ○謡の特徴と物語の場面や登場人物の心情とのかかわりを味わって鑑賞する。 ・場面一の映像を無音で流し，合わせて謡を謡う。 ・感想をワークシートに簡単に記入し，感想を発表し合い共有する。 ・場面一をDVDにより鑑賞する。	●学級を男女に分け，ツヨ吟をそれぞれ謡い，互いに気が付いたことを発表するよう促す。ヨワ吟は，教師自身が謡う。 ★発表聴取，ワークシート ●机間巡視をして，指名計画を立て，発表場面で発言を促す。

（河合知子）

第IX章

日本音楽の理論

日本音楽の理論・音階について

（1）日本音楽の理論

　音楽を分析的・理論的にとらえようとする視点は，日本音楽の歴史においてあまり一般的ではなかった。例えば，律呂という語が主として雅楽において用いられ，また序破急という語が主として雅楽や能楽において用いられたが，それぞれの種目の中で用いられる理論用語が，必ずしも種目を越えて共通に音楽を説明するのに適した用語であるとは限らない。ここでは，おもな理論用語として，「十二律」，「三分損益法」，および日本音楽の音階理論について述べる。

①　十二律

　十二律とは，1オクターブを12に分割した時の個々の音を絶対音で示したものである。我が国の音律に関する理論は，中国から輸入された音楽理論から大きな影響を受けているが，平安時代には日本独自の十二音律名が考案された。

壱越をニ音として楽譜に表すと，**譜例1**のようになる。

②　三分損益法

　三分損益法とは，中国から伝来した音律計算の方法である。基準となる管の長さを3等分して，その1つ分を減じると，完全5度上の音が得られる（三分損一）。その長さをふたたび3等分して1つ分加えると，完全4度下の音が得られる（三分益一）。それを繰り返して音律が定められる（**譜例2**）。

（2）　日本音楽の音階理論

　日本音楽の音階理論について科学的・分析的に研究した最初は，上原六四郎の『俗楽旋律考』（1892著，1895刊）である。その後，田辺尚雄，藤井清水，町田嘉章（佳聲），下総皖一らによる日本音楽の音階理論に関する研究があらわれた。小泉文夫（1927～1983）は，『日本伝統音楽

譜例1　十二律

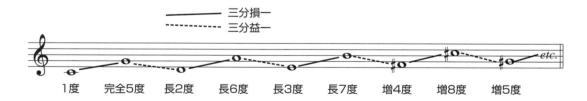

譜例2　三分損益法

の研究 I 』（1958）において，それらの先行研究を批判的に検討し，日本音楽の音組織・音階について実証的に論じて日本の音階理論を確立した。小泉の音階理論に対する批判も一方で存在するものの，現在の中学校音楽科教科書等で採用されている日本の音階理論は，この小泉理論にもとづくものである。

　小泉理論の大きな特徴は，核音（かくおん）とテトラコルドという考え方である。日本の音組織には，4度枠の音の動きが多く見られる。この4度の音階の枠のことを，小泉はテトラコルドと名付けた。テトラとは，ギリシア語で「4」の意味である。

　テトラコルドの両端の音（譜例では白い音符で示されている）は核音（かくおん）といい，比較的安定した音で，終止音などになる。核音のあいだにはさまれた中間音は，比較的不安定な，動きやすい音である（譜例3）。

　下の核音と中間音との音程が短3度であるテトラコルドを民謡のテトラコルド，長2度のものを律のテトラコルド，短2度のものを都節（みやこぶし）のテトラコルド，長3度のものを琉球（沖縄）のテトラコルドという。

　民謡のテトラコルドは，わらべうたや民謡に多く見られ，日本音楽の中でもっとも基本的な

テトラコルドである。律のテトラコルドは，雅楽の律音階や能楽の謡の音階など，比較的古い時代の音楽に見られることが多い。都節のテトラコルドは，近世以降発展した箏曲や三味線音楽に多く見られるものである。琉球（沖縄）のテトラコルドは，いかにも沖縄らしい音の感じがする。このテトラコルドは，沖縄のほか台湾，インドネシア，インド，ブータン，チベットなど，広くアジアに分布するテトラコルドである。

　これらのテトラコルドが2つ重なって，それぞれ民謡音階，律音階，都節音階，琉球（沖縄）音階ができる（譜例4）。

　《ひらいたひらいた》，《ソーラン節》，《こきりこ節》，《君が代》，《越天楽今様》などは，それぞれどのテトラコルドからなっているか，どの音階か考えてみよう。

（本多佐保美）

参考文献
国立劇場事業部宣伝課編（1974）『日本の音楽〈歴史と理論〉』日本芸術文化振興会.

譜例3　4つのテトラコルド

譜例4　4つの音階

日本音楽を学校でどう教えるか

第 X 章

日本音楽の
指導と評価

日本音楽の指導と評価

（1）指導と評価の一体化

　日本音楽の指導に限らず，学習指導の改善において評価は重要なものであり，育成を目指す資質・能力と評価の関係をしっかりと捉え，授業改善に生かしていくことが大切である。学習評価を授業改善に着実につなげていくためには，指導と評価の一体化を図っていくことが重要であり，まずは児童生徒が日本音楽を扱った授業において，どういった資質・能力を身に付けられるようにするのかを，授業構想において明確にしておく必要がある。

　日本音楽の指導においては，歌唱においても器楽においても，何をどこまでできるようになればよいかということが想定しづらい，という教師の悩みをしばしば耳にする。例えば，限られた時間の中で，学習として何を目標として目指し，どこまでできればよしとするのか，何を具体的な規準とすればよいのかなど，判断に困るという声も多い。

　第１章の２で述べたように，新学習指導要領においては「何ができるようになるか」という育成を目指す資質・能力が明示されているため，それをしっかりと授業のねらいとして位置付け，またそれが身に付いたかについて評価をしていくことが大切である。特に，その曲を一通りうたえたり弾けたりできるようになることのみを目指すのではなく，知識を得ることや思考・判断する学習についても，授業のねらいとして明確に設定することが大切である。そして，日本音楽を扱う授業での学習内容として設定したことが，学習指導要領のどの内容の事項と対応しているのかをしっかりと押さえるとともに，教科の目標や，扱う内容の事項に対応した「知識・技能」「思考・判断・表現」「主体的に学習に取り組む態度」の３観点に基づいて評価をするこ

とが求められる。

（2）それぞれの資質・能力の指導と評価

①　知識及び技能に関する指導と評価
1）知識に関する学習内容

　学習指導要領において知識は内容の事項イに，技能は事項ウに位置付けられている。まず「知識」の事項を見てみよう。小学校学習指導要領の歌唱（第５学年及び第６学年）の事項イは「曲想と音楽の構造や歌詞の内容との関わりについて理解すること。」と示されている。

　小学校と中学校のいずれにおいても，歌唱及び器楽の事項イには「曲想と音楽の構造」との関わりについて理解するという学習内容が位置付けられている。伝統的な歌唱や和楽器を扱う際にも，この「曲想と音楽の構造」の関わりについて，着実に学習場面に位置付けて指導することが大切である。

　日本の音楽の場合，西洋の音楽に見られる構成（例えば２部形式や３部形式など）を当てはめられないことも多いが，序破急や音頭一同形式など，日本の音楽に特有の形式で捉えるようにするとよいだろう。なお，日本の音楽に関する用語の中には，音楽を形づくっている要素がいくつか複合されていると思われるものもある。例えば，民謡などで用いられるコブシは，音の動きという「旋律」の視点だけでなく，「音色」や「強弱」を含めた広い概念として捉え，それらによって形づくられている音楽の構造と，それが生み出している曲想について着目するようにしたい。

2）技能に関する学習内容

　第１章の２で述べたように，中学校の学習指導要領において示されている「曲種に応じた発声」は，技能ではなく知識の事項に位置付けられている文

言である。それら理解したことなどを基に思考・判断し，どのように歌うかについて思いや意図をもち，その思いや意図に合った表現や，創意工夫を生かした表現をするための技能を得て，歌や楽器で表現するという，資質・能力の関係性を考慮して指導計画を構想する必要がある。中学校に限らず小学校においても，歌い方や発声，楽器を演奏する技能などの学習については，子供が思いや意図に合った表現や，創意工夫を生かした表現をするために，具体的にどのような技能が必要となるかを想定しておく必要がある。

なお，知識と技能の評価に際しては，知識と技能の習得状況を個別に把握することが想定されるが，知識と技能の内容の関連性が高いものについては，演奏聴取等の中で知識と技能の習得状況を合わせて見取ることも考えられる。

② 思考力，判断力，表現力等に関する指導と評価

日本の伝統音楽の学習においては，指導者のうたい方や演奏の仕方をまねることが基本とされてきた。例えば，歌唱においては「○○の発声」というものがあるというよりは，指導者の声の出し方に近付くことが，楽器の演奏においては指導者の動きや身体の使い方の特徴をつかみ，それに近付くことが課題とされてきた。

中学校学習指導要領の歌唱の事項アには，「歌唱表現に関わる知識や技能を得たり生かしたりしながら，曲にふさわしい歌唱表現を創意工夫すること。」（第2学年及び第3学年）と示されている。ここでいう「曲にふさわしい」ということについては，事項イに示されている知識を踏まえることが前提となる。その際，範唱のうたい方が生み出している特徴も，広い意味でその曲の特徴として捉え，それを根拠に「曲にふさわしい」表現を工夫していくことが必要であろう。例えば，範唱の声の使い方が「音色」などの要素として，その曲の特徴の一部を成しているのである。

器楽の事項においてもほぼ同じ内容が示されており，同様に考えることができるが，器楽においては，事項ウ（ア）に示されている「身体の使い方」について，指導者等の動きや身体の

使い方の特徴を捉え，それを自分で模倣しながら近付こうと試行錯誤していくことが，学習のポイントとなることもあるだろう。

このように，日本の伝統音楽の学習においては西洋の音楽以上に，モデルに迫るということが，歌唱表現や器楽表現を工夫していく際に重要な手がかりとなるのであり，学習評価においてもその点を踏まえて工夫しているかどうかを見ていくようにすると，評価の指標となるのではないだろうか。

③ 鑑賞における指導と評価

鑑賞における指導と評価については，表現領域と同様に学習指導要領の内容を踏まえて学習活動を構想し，それに対応した評価計画を考えていくことが大切である。なお，鑑賞領域では技能の指導事項がないため，技能に関する評価は行わない。

鑑賞領域の思考力，判断力，表現力等に関する事項アには「曲や演奏のよさなどを見いだし，曲全体を味わって聴くこと」（小学校：第5学年及び第6学年）や「音楽のよさや美しさを味わって聴くこと」（中学校：第2学年及び第3学年）などが示されている。いずれも「味わって」とあるが，単にその曲の特徴を理解するだけでなく，学習の中で得た知識などを根拠として，その曲に対する自分なりの意味や価値を考えるということが求められており，その点を踏まえて評価する必要があろう。

④ 主体的に学習に取り組む態度の評価

主体的に学習に取り組む態度については，内容に対応する事項がない。思考力，判断力，表現力等や知識，技能に関する学習に，粘り強く取り組もうとしているか，また，自己の学習を調整しようとしているかという両方の側面について，それらに対応する評価の観点の状況と併せながら継続的に把握するようにし，適宜，学習や指導の改善につなげるようにすることが大切である。そのためには，授業のねらいを明確にもち，指導を行っていく必要があるだろう。

（志民一成）

日本音楽関係文献

日本音楽の教育と研究をつなぐ会（2019）『唱歌で学ぶ日本音楽』（DVD 付き）音楽之友社.

日本学校音楽教育実践学会（2017）『日本伝統音楽カリキュラムと授業実践―生成の原理による音楽の授業』音楽之友社.

小塩さとみ（2015）『日本の音　日本の音楽』（シリーズ音楽はともだち②）アリス館.

一般社団法人長唄協会 長唄と教育をデザインする委員会（2104）『すぐに役立つ！音楽教員のための実践長唄入門』文化庁「伝統音楽普及促進支援事業」教材作成事業.

横井雅子・酒井美恵子（2014）『プロの演奏でつくる「日本・アジアの伝統音楽」授業プラン』明治図書.

島崎篤子・加藤富美子（2014）『授業のための日本の音楽・世界の音楽―日本の音楽編』音楽之友社.

伊野義博（2013）『新潟〈うた〉の文化誌―人は何故うたうか　越後に響くうたの原風景』新潟日報事業社.

日本の伝統的歌唱研究会（本多佐保美・山田美由紀・志民一成ほか）（2013）『我が国の伝統音楽の指導法および教材化研究―長唄の表現活動と鑑賞との関連を軸に』（音楽教育研究報告第28号）公益財団法人音楽鑑賞振興財団.

川口明子・猶原和子（2012）『小学校でチャレンジする！伝統音楽の授業プラン』明治図書.

財団法人日本民謡協会（2011）『民謡指導マニュアル』日本民謡協会.

月渓恒子（2010）『日本音楽との出会い―日本音楽の歴史と理論』東京堂出版.

小島律子・関西音楽教育実践学研究会（2010）『学校における「わらべうた」教育の再創造―理論と実践』黎明書房.

清水宏美（2009）『実践！3時間で「和楽器・日本の音楽」の授業〈雅楽編〉』全音楽譜出版社.

小島律子監修（2008）『日本伝統音楽の授業をデザインする』暁教育図書.

久保田敏子・藤田隆則編（2008）『日本の伝統音楽を伝える価値―教育現場と日本音楽』京都市立芸術大学日本伝統音楽研究センター.

福井昭史（2006）『よくわかる日本音楽基礎講座―雅楽から民謡まで』音楽之友社.

千葉優子（2005）『日本音楽がわかる本』音楽之友社.

渡邊亞紀人（2004）『やさしい篠笛入門』トヤマ出版.

清水宏美（2003）『和楽器・日本の音楽を楽しもう！』音楽之友社.

笹本武志（2003）『はじめての雅楽―笙・篳篥・龍笛を吹いてみよう』東京堂出版.

釣谷真弓（2003）『おもしろ日本音楽の楽しみ方』東京堂出版.

山内雅子・大原啓司（2002）『楽しい箏楽譜集』（CD 付き）音楽之友社.

山口修・田中健次企画・監修（2002）『邦楽箏（こと）始め　今日からの授業のために』カワイ出版.

坪能由紀子監修・現代邦楽研究所編（2002）『和楽器にチャレンジ』（1．和太鼓，2．三味線，3．箏，4．尺八）汐文社.

浦田健次郎監修, 児玉竜一編著（2002）『能楽　文楽　歌舞伎―日本の伝統芸能への誘い』教育芸術社.

峯岸創監修・編（2002）『日本の伝統文化を生かした音楽の指導』暁教育図書.

財団法人音楽文化創造　伝統音楽委員会監修, 水野好子・安藤政輝・山勢松韻・山本邦山編集協力（2001）『実践「和楽器」入門』ヤマハミュージックメディア.

山内雅子（2001）『日本音楽の授業』（音楽指導ハンドブック）音楽之友社.

平野健次・上参郷祐康・蒲生郷昭監修（1989）『日本音楽大事典』平凡社.

太鼓センター編（1997）『子どもの和太鼓入門―太鼓に挑戦』かもがわ出版.

茅原芳男（1994）『教育流邦楽の指導―箏・太鼓編』音楽之友社.

岸辺成雄・横道萬里雄・吉川英史・星旭・小泉文夫（1974）『国立劇場芸能鑑賞講座 日本の音楽〈歴史と理論〉』日本芸術文化振興会.

あとがき

　日本の音楽ってなんだろう。学校の音楽の授業で日本の音楽があまり教えられていないのは，なぜだろう。そして，日本の音楽の何をどのように教えたらいいだろう。こんな素朴な疑問が，すべてのはじまりでした。

　本書は，これまでに私たちが日本の音楽について考えてきたこと，また共同研究で授業実践してきたことの総まとめとなりました。

　本書の出版を思い立ってからここに至るまで，思いのほか時間がかかってしまいましたが，このように本書をまとめることができたことを，大変嬉しく思います。これまでに共同研究等で共に歩んできた志民一成，山田美由紀，長谷川慎の各氏をはじめ，千葉，静岡，それぞれの地で積み重ねてきた授業研究の成果を，皆様のおかげでここにまとめることができました。本当にありがとうございました。

　開成出版の早川偉久氏には，前著に引き続き大変お世話になりました。記して感謝申し上げます。

　本書が，我が国の伝統音楽・日本の音楽の学習指導について，日々考えている皆さんの一助になれば幸いです。

　　　　　　　　　　　　　　　　　　　　2020（令和2）年3月　本多佐保美

本多　佐保美
（ほんだ　さほみ）

1962年愛知県瀬戸市生まれ。1989年東京藝術大学大学
院音楽研究科修士課程修了。1990年東京藝術大学助手。
1995年千葉大学着任，2012年より同大学教授。専攻は
音楽教育学。雅楽を出発点として，日本音楽の教材化
研究，授業研究などをすすめる。
著書に，『小学校音楽科教育法』（教育出版），『戦時下
の子ども・音楽・学校』（開成出版），『我が国の伝統音
楽の指導法と教材化研究』（音楽鑑賞振興財団）等がある。

日本音楽を学校でどう教えるか

■ 発　行　2020年4月1日第1版第1刷
■ 編著者　本多佐保美
■ 発行者　早川偉久
■ 発行所　開成出版株式会社
　　　　　〒101-0052
　　　　　東京都千代田区神田小川町3丁目26番14号
　　　　　Tel. 03-5217-0155　　Fax. 03-5217-0156
■ DTP　Ti-Works
■ 印刷・製本　三美印刷株式会社